Hofläden & Manufakturen

NORDHESSEN

Ulrike Lange-Michael

HEIMAT

erleben und genießen!

WARTBERG VERLAG

Impressum

Bildnachweis

S. 7 unten rechts, S. 8 Mitte, unten links, S. 9: Hofkäserei Dülfershof, S. 10: Schanzenhof, S. 11 oben: Kellerwaldhof Häusling (Marianne Spenner-Häusling), S. 11: Jörg Vorpagel, S. 12–14: Biolandhof und Naturkostladen Eisenach (Karin Trappe), S. 16–18: Tannenhof, S. 19: Schloss Hirschgarten, S. 21 oben: Mach`s annersder, S. 21 unten: Posthof, S. 22 oben: Schmiedehof (Pillkowsky), S. 22: Biohof Ulott, S. 23: Biohof Warmetal, S. 24 und S. 25 oben: Salzgut & Co. (Meike Bauer), S. 25 unten: Lindenhof, S. 26: Hof Raschke, S. 27 oben links und oben rechts und S. 29: Dorflädchen Stöcker (Nico Stöcker), S. 30–32: Fischzucht Rameil, S. 33: Weizenbrennerei Hahn, S. 34: Bredenhof (Brede), S. 35/36: Jüttes Weidberghof, S. 37 unten links, 39 unten rechts: Röstrausch, S. 42/43: Nudelwelt, S. 50: Hof Ringleb, S. 51: Umbach, S. 53 unten rechts und 54 rechts: Bauerngarten, S. 55: Schöneberger Bauernhofeis, S. 59–61: Habbishaw, S. 62–64: Zinnhof (Heppe), S. 65–67: Töpferei Burberg (Habekost), S. 68/69: Braumanufaktur Steckenpferd, S. 70–72: Stadtimkerei Hernandez (Hernandez), S. 76 oben: Biorestaurant und Markt Weißenstein, S. 76 unten: Gärtnerei Fuldaaue, S. 77: Jaeger, S. 78–80: Alte Mühle (Küstener), S. 81: Biolandhof Schnell, S. 82, S. 83 Mitte und rechts unten, S. 84 rechts: Hofladen Fülling, S. 85/86: St. Albert's Distillery (Seidenhefter), S. 87/88: Giesheuer Landcafé (Diehl) , S. 89 links und unten rechts, S. 90: Hofladen Kauffeld, S. 93 unten links und rechts, S. 94: Kellerei Döhne, S. 96–98: Hof Ziegler, S. 99 oben: Bauernhof Buntekuh, S. 99 unten: Bioland-Diemelhof, S. 100: Straußenfarm Reinhardswald, S. 101/102: Maislabyrinth Edersee, S. 103: ullsteinbild (CTK), S. 104, S. 105 links Mitte und unten, rechts unten, S. 106: Gemüsebau Till Döring, S. 107, S. 108 oben, S. 109 links: Nottscheid, S. 110: Waldecker Edelpilze, S. 111–113: Lotta-Landmilch (Rautenkranz), S. 114: Biolandhof Sandrock, S. 115 oben, unten rechts, S. 116: Bauernmolkerei, S. 118–120: Biogärtnerei Knofi & so (Diekhof), S. 121: Kuhaupts Hofladen und Café. Alle anderen Fotos: U. Lange-Michael.

Umschlagvorderseite: stock.adobe.com (Artem Shadrin)
Umschlagrückseite: Töpferei Burberg/Habekost (oben), Umbach (Mitte), Hofladen Fülling (unten)

1. Auflage 2024

Umschlaggestaltung und Layout: r2 | Ravenstein, Verden
Satz: Christiane Zay, Passau
Übersichtskarte: Ulrich Weiß
Druck und Bindung: Druck- und Verlagshaus Thiele & Schwarz GmbH, Kassel

34281 Gudensberg-Gleichen, Im Wiesental 1
Telefon (0 56 03) 9 30 50
www.wartberg-verlag.de
ISBN: 978-3-8313-3410-0

INHALT

VORWORT

Wenn es ein Paradebeispiel für bäuerliche Landwirtschaft in familiengeführten Betrieben gibt, für vielgestaltige, meist eher kleinteilige Produktion von gesunden Lebensmitteln, ob Pflanzen oder Tiere, für abwechslungsreiche Landschaften mit Flusstälern, waldreichen Mittelgebirgen und fruchtbaren Böden, dann ist das Nordhessen. Die Region rund um die Großstadt Kassel, mitten in Deutschland gelegen, grenzt an vier Bundesländer. Viele Reisende kennen sie (leider) nur vom Durchfahren und wissen nicht, was sie verpassen: eine lange verborgene, aber zusehends an Attraktivität gewinnende Perle, gerade was Genuss und Erlebnis betrifft.

Die Vorzüge nordhessischer Gastlichkeit verbinden sich mit dem wachsenden Anspruch der Landwirte und Gastronomen, ihren Kunden, ob Gäste oder Nachbarn, beste Produkte anbieten zu können. In einer Vielzahl von Bauernhöfen haben die Landwirte auf Direkt- oder Selbstvermarktung umgestellt. Sie produzieren häufig nach biologischen Richtlinien, achten auf den Schutz des Tierwohls und der Böden, auf möglichst große Biodiversität.

Die Produktvielfalt entspricht der abwechslungsreichen Landschaft: Auf den Wiesen der Mittelgebirge weiden Kühe und Rinder, in offenen Ställen leben Schweine auf Stroh statt Spaltböden, alte und bedrohte Rassen werden weitergezüchtet, Hühner leben in mobilen Ställen auf Grasland. In Hofläden werden die Sortimente immer umfangreicher, Gemüse vieler Sorten gibt es das ganze Jahr über.

Spezialitäten sind ebenfalls zu finden: ein einzigartiger Apfel-Schaumwein nach Champagnerart etwa, Teemischungen aus heimischen Kräutern, Gin, destilliert in einer früheren Kirche, täglich neu zubereitete Suppenkreationen, auch zum Mitnehmen, Bergkäse aus der Nationalpark-Region, 30 verschiedene Knoblauchsorten, und, und, und. Keinesfalls zu vergessen: die Ahle Wurscht, ein nordhessisches Produkt, das sogar mit Zertifikat als regionale Spezialität geschützt ist.

Wer Interesse hat, sich vor Ort über die Produktion und die Produzenten zu informieren, ist häufig willkommen. Manche Betriebe bieten auch Gästezimmer an, es gibt kulturelle Aktivitäten aller Art, Einkehrmöglichkeiten zuhauf und natürlich die sehr gut erschlossene Landschaft mit ihren zahlreichen Wanderwegen und Radrouten. Historische Sehenswürdigkeiten liegen überall am Wegesrand: Burgen und Schlösser, Fachwerkstädtchen und Museen, Aussichtspunkte und Badeseen.

Lassen Sie sich nicht entgehen, was Nordhessen zu bieten hat. Es lohnt sich!

BAD WILDUNGEN: HOFKÄSEREI DÜLFERSHOF

Viel Gespür für die Milch

Die Stimmung ist gut in der Küche des Dülfershofes: Die drei Frauen, die an diesem Mittwoch im Hofladen der Käserei beschäftigt sind, kennen sich schon lange. Zur Kaffeepause hat die Chefin Gudrun Schade „Nervenplätzchen" gebacken, nach einem Rezept von Hildegard von Bingen. Ein bisschen zu viel Muskat vielleicht, meint sie. „Mit Gelee drauf geht's", meint ihre Kollegin und lacht.

HOFKÄSEREI DÜLFERSHOF

Dülfershof 26
34537 Bad Wildungen
www.duelfershof.de

Auch Naturmedizin, aber vor allem die Natur und Naturerhaltung sind der Familie Schade seit jeher wichtig. Inzwischen lebt bereits die zwölfte Generation auf dem Dülfershof im Naturpark Kellerwald. Die Lage mitten im Wald, zwischen Wiesen und abseits aller Straßen, ist zwar einsam, jedoch an Idylle kaum zu überbieten. Der Bauernhof besteht seit dem 15. Jahrhundert, ist seit 1859 in Familienbesitz. Dort betreibt die Familie inzwischen nur noch Milchwirtschaft. „Die Böden sind für Ackerbau nicht so gut geeignet", sagt die Seniorchefin.

Dass aus einem Teil der Milch der 90 Kühe, die im Offenstall und draußen auf den Wiesen stehen, der weithin gerühmte Rohmilchkäse vom Dülfershof wird, ist Gudrun Schade und ihrer Großmutter zu verdanken. Die Oma war es, die ihrer Enkelin die Milchverarbeitung beibrachte. Schnell merkte sie, dass sie sich dafür interessierte. „Ich hatte ein Gespür für die Milch", sagt sie. Aus ersten Experimenten wurde mehr, aus gescheiterten Versuchen Erfolge – und der Gedanke reifte, aus der eigenen Milch selbst Käse herzustellen und ihn zu verkaufen.

HOFKÄSEREI DÜLFERSHOF

Ein neues Standbein für den Dülfershof war geboren. In der Käserei wird nunmehr seit Jahren Schnittkäse und Bergkäse hergestellt, insgesamt 18 verschiedene Sorten, auch mit Bockshornklee, Chili oder Knoblauch – es gibt zahlreiche Varianten. Übrigens: Bergkäse heißt so, weil er einen geringeren Feuchtigkeitsgehalt hat, kräftiger schmeckt und länger lagert – wie auf einer Bergalm eben. Alle Käse werden gentechnikfrei hergestellt und lagern bis zur Reife drei bis neun Monate. Während dieser Zeit benötigt der Käse viel Aufmerksamkeit, wird dreimal wöchentlich gepflegt, gewaschen, gebürstet, gewendet. Für ein Kilo Käse benötigt man zehn bis 13 Liter Milch, die reine Produktion dauert etwa einen halben Tag.

Das enge Zusammenspiel zwischen dem naturbewirtschafteten Hof, der artgerechten Tierhaltung und der bäuerlichen Käserei mache die Herstellung des einzigartigen Käses erst möglich, schreibt die Familie. Der Käse und einige Waren von anderen regionalen Produzenten werden im Hofladen angeboten, wer möchte, kann den Käse auch telefonisch oder per Mail bestellen. Zahlreiche Läden, Hotels und Restaurants der Region beziehen den Dülfershof-Käse.

Zum Hof, der über viele Jahre in den Sommermonaten auch eine Jausenstube mit Bewirtung betrieb, zuletzt nur für Gruppen auf Vorbestellung, ist mit dem Auto, aber auch über schöne Wanderwege zu erreichen.

Tipp

In direkter Nähe zum Dülfershof liegt der Nationalpark Kellerwald-Edersee, der einzige in Hessen. Insgesamt 75 Berge und zahlreiche Täler prägen die Mittelgebirgslandschaft des Nationalparks, der eine Fläche von 7700 Hektar umfasst. Rund 20 km sind es vom Dülfershof zum Nationalpark-Zentrum in Vöhl-Herzhausen, der zentralen Informations- und Bildungseinrichtung des Nationalparks. Das Zentrum bietet neben Ausstellung, 4D-Film und vielen Möglichkeiten zum Mitmachen auch Gastronomie und weitere Services.

BAD AROLSEN: DEMETERHOF GUT KAPPEL

Seit Anfang 2021 führt die Familie Hübner den Demeter-Betrieb Gut Kappel. Ihre biodynamische Landwirtschaft bildet einen ganzheitlichen Betriebsorganismus aus Hühnern, Ackervielfalt, artenreichem Grünland, Harzer Rotvieh und Auerochse. Das Hofgut hat eine bewegte Geschichte. Dort wird Artenvielfalt praktisch gelebt und gefördert. Auch die Ausbildung der nächsten Generation und der internationale Austausch sind ins Hofleben integriert. Verkauft werden die Produkte im Bioladen „Hannes Bio & Genuss“ in der Bahnhofstraße 36 in Bad Arolsen, geöffnet Montag bis Freitag von 9 bis 18 Uhr und Samstag von 9 bis 13.30 Uhr.

Produkte: Bio-Eier, Bio-Geflügel, Bio-Rindfleisch, Bio-Getreide, Bio-Obst

Gut Kappel 1 | 34454 Bad Arolsen | Tel. 05691/5004350 | www.gutkappel.de

BAD AROLSEN: HANNES BIO & GENUSS

Regionaler Lebensmittelhandel, Produkte: Bio-Eier, Frischgeflügel, Käse, Gemüse, Milchprodukte, Nudeln, Eierlikör, Naturkostwaren, regionale Spezialitäten und Gutscheine, außerdem Café und Bistro, täglich außer sonntags geöffnet.

Bahnhofstraße 36 | 34454 Bad Arolsen | www.hannes-bioladen.de

BAD AROLSEN-HELSEN: DER SCHANZENHOF

Der Schanzenhof ist ein Demeter-Bauernhof mit Kühen, Kälbern, Gemüse- und Milchwirtschaft sowie einem eigenen Hofladen. Bewirtschaftet wird Grün- und Ackerland. Neben den 65 Kühen, die den ganzen Sommer auf den rund um den Hof gelegenen Grünflächen weiden, gibt es noch 50 Rinder und Kälber. Seit 2004 werden Gemüse und Kartoffeln angebaut, die in der Region zwischen Kassel und Willingen vermarktet werden. Der Hofladen hat freitags von 14 bis 17.30 Uhr geöffnet. Über die Website können Bestellungen auch online aufgegeben werden, ob Gemüsekiste oder Frischfleisch. Im Umkreis von Bad Arolsen wird auch geliefert.

Produkte: saisonales Gemüse, Kartoffeln, Obst, Rindfleisch aus eigenem Anbau bzw. Zucht, Milchprodukte, Käse, Bio-Brot, Getreide und Ölsaaten

Schanzenhof 1
34454 Bad Arolsen-Helsen
Tel. 05691/629745
www.schanzenhof-online.de

BAD ZWESTEN-OBERURFF: KELLER-WALDHOF HÄUSLING

Heideweg 1 | 34596 Bad Zwesten
Tel. 05626/261
www.kellerwaldhof.de

Seit 1988 erzeugt die Familie Häusling auf ihrem Bauernhof in Bad Zwesten-Oberurff biologische Lebensmittel nach den Richtlinien des Bioland-Verbandes. Das bedeutet zum Beispiel: artgerechte Tierhaltung mit Weidegang, Boden- und Landschaftsschutz, Düngung ausschließlich mit organischem Dünger. Auf dem Kellerwaldhof leben 100 Kühe, 40 Rinder, fünf Schweine und drei Schafe. Die Bio-Milch wird in der hofeigenen Käserei zu leckerem Käse verarbeitet. Im Hofladen gibt es auch Fleisch und Wurst aus eigener Herstellung. Gemüse, Obst, Eier, Geflügel, Honig, Ziegenkäse bezieht der Kellerwaldhof von Biobetrieben aus der Region. Der Hofladen ist freitags von 8 bis 18 Uhr geöffnet.

Produkte: Käse, Fleisch und Wurst, Kartoffeln, Apfelsaft und weitere Bio-Lebensmittel

BAD ZWESTEN-OBERURFF: GRIMMS NASCHWERKSTATT

Mit alten Werkzeugen und fantasievollen Ideen kreiert Jörg Vorpagel seit 2014 süße Leckereien an einem märchenhaften Ort: In Oberurff-Schiffelborn, am Tor zum Nationalpark Kellerwald-Edersee, rief er Grimms Naschwerkstatt ins Leben. Bunte Bonbons entstehen mit alten Walzen in reiner Handarbeit. Die Manufaktur bietet Vorstellungen für Kindergeburtstage, Junggesellenabschiede, Vereine, Firmen, Seniorenausfahrten, ist auf Regional-, Wochen- und Handwerkermärkten vertreten. In der Naschwerkstatt kann man bei den Schautagen das Herstellen von Märchenbonbons erleben und schmecken.

Urffstraße 1
34596 Bad Zwesten-Oberurff
Tel. 05626/8229 und 0174/9377967
www.grimms-naschwerkstatt.de

BAUNATAL-GUNTERSHAUSEN: BIOLANDHOF UND NATURKOSTLADEN EISENACH

•

Einmal alles, aber bio!

Heike Terhorst schaut sich im Laden kurz um und sagt: „Bei uns gibt es eigentlich alles, bis auf Drogeriewaren." Sie muss es wissen, denn sie ist Expertin für das Sortiment des Naturkostladens in Baunatal-Guntershausen, knapp 15 Kilometer südlich von Kassel. Seit Jahren arbeitet sie im Hofladen der Familie Eisenach, die auf ihrem Hof am Rande des Dorfes nach Bioland-Standard Hühner hält. Nicht nur ein paar Hundert, sondern gleich Tausende, und aus den Eiern werden, neben dem Frisch-Verkauf, zum Beispiel Eierlikör oder die bei Kunden begehrten Nudeln, die es unverpackt aus der Abfüllstation gibt. Die meisten Eier werden jedoch wegen ihres guten Geschmacks frisch verzehrt.

Außerdem liefern regionale Anbauer immer frisches Obst, Gemüse, Vollkornprodukte, Öle, Tee, Kräuter und Honig. Dazu eine Auswahl leckerer Käsesorten in der Käsetheke, Produkte aus der Bio-Molkerei in Kühlregal und -truhe sowie Ahle Wurst. Viele weitere Produkte liefern der Naturkost-Großhändler Elkershausen und Rapunzel-Naturkost. Regelmäßig

Holzhäuserstraße 8
34225 Baunatal-Guntershausen
https://bioland-ei.jimdofree.com

bietet der Laden frisches regionales Bioland-Geflügelfleisch. Zu den Weihnachtsfesttagen können Gänse, Puten, Enten und Hähnchen bestellt werden, mehrmals jährlich auch Rindfleisch vom Zinnhof in Rodemann.

Die Eisenachs sind schon lange überzeugte Bio-Produzenten: Bereits seit 1989 wirtschaften sie in dem Dorf an der Fulda nach den Richtlinien des Bioland-Verbandes für ökologischen Landbau auf 33 Hektar Ackerland, erzeugen hauptsächlich Getreide und Leguminosen, die den Hühnern dann als Futter zur Verfügung stehen. „Schon 2002 haben wir für unsere Legehennen eine hundertprozentige Biofütterung eingeführt“, heißt es im Flyer der Biobauern. Die Futtermischung wird direkt auf dem Hof hergestellt.

Die Eierproduktion übernehmen ca. 8000 Legehennen, die in drei Gruppen mit jeweils maximal 3000 Hühnern auf den eingezäunten Wiesen rund um ihre Ställe in Guntershausen frei laufen. Zum Hühnerglück gehören weitere zwei Mobilställe, die regelmäßig in frisches Grün versetzt werden. In jeder Hühnerherde laufen mindestens zehn Hähne mit. Sie stabilisieren das Sozialverhalten der Tiere, so die Erkenntnis aus jahrelanger Arbeit mit den Tieren. Die Hennen bleiben im Betrieb etwa zwei Jahre aufgestallt, danach werden sie als Tiefkühl-Suppenhühner verkauft.

BIOLANDHOF UND NATURKOSTLADEN EISENACH

Das Versprechen der Familie Eisenach: artgerechte und naturgemäße Haltung, einen großen Auslauf, gemütliche Hühnerställe mit großen Wintergärten, erhöhte Sitzstangen und Familiennester für die geflügelten Mitarbeiterinnen. „Denn gesunde Eier gibt es nur von glücklichen Hühnern!“ Um das Wohlbefinden der Hühner zu erhöhen, wurden 500 Apfelbäume unterschiedlichster alter und neuer Sorten im Freilauf für die Hühner gepflanzt. Damit gibt es für sie mehr Schutz vor Greifvögeln und mehr Schatten. Seit 2021 wird jedes Jahr frischer Apfelsaft aus den Äpfeln der Bäume gepresst. Er ist, neben den Äpfeln, im Hofladen erhältlich.

Tipp

Wer mit dem Fahrrad auf dem Fuldaradweg R1 südlich von Kassel unterwegs ist, für den lohnt sich ein Abstecher in Guntershausen durch das Dorf bis zum Bioland-Hof der Eisenachs. Dort kann man auf dem Bänkchen vor dem Laden rasten, die Landschaft genießen, ein Eis schlecken oder den Hühnern auf den großen Wiesen zuschauen. Guntershausen ist an die Bahn aus Richtung Kassel (15 Min), Melsungen (16 Min) und Marburg direkt angebunden. Vom Bahnhof Guntershausen zum Hofladen sind es fünf Gehminuten.

BAUNATAL-RENGERSHAUSEN: BIOLANDHOF KRUG

Vom Kalb über die Kuh zur Milch bis zum Quark und all den anderen Leckereien: alles aus einer Hand. Das bietet der Biolandbetrieb Krug im Baunataler Stadtteil Rengershausen. Im Selbstbedienungs-Hofladen gibt es täglich frische Bio-Milch zum Selberzapfen, außerdem selbstgemachten Frischkäse, Joghurt und Quark sowie Rind- und Kalbfleisch von eigenen Tieren. Ergänzt wird das Sortiment durch andere Bio-Produkte aus der Region, wie beispielsweise Eier, Kartoffeln, Apfelsaft, Eis und Butter.

Produkte: Milch, Joghurt, Quark, Rind- und Kalbfleisch

Knallhütter Straße 32 | 34225 Baunatal-Rengershausen | www.facebook.com/Biolandhof-Krug

BAUNATAL-HERTINGSHAUSEN: LUCKHARDTS ÖLMÜHLE

Aus dem eigenen Saatanbau presst der Betrieb der Familie Luckhardt im Baunataler Stadtteil Hertingshausen das Öl kalt, je nach Bedarf. Sonnenblumen, Raps und Leindotter können am Selbstbedienungsstand gekauft werden. Im Herbst sind Süßkartoffeln, Schnitzkürbisse für Halloween und Hokkaido-Speisekürbisse im Angebot.

Produkte: Speiseöle, Süßkartoffeln, Kürbisse

Großenritter Straße 25 | 34225 Baunatal-Hertingshausen | Tel. 05665/962780

BEBRA-IMSHAUSEN: DER TANNENHOF

Die Pferde sind immer dabei

Wie viele Knoblauchsorten gibt es eigentlich? Was sind regionale Ölfrüchte? Wie setzt man Zugpferde in der modernen Landwirtschaft ein, und warum? Wer Antworten auf solche Fragen sucht, könnte beim Biolandbetrieb Tannenhof in Bebra-Imshausen an der richtigen Adresse sein. Denn der Hof der Familie Kayßer öffnet als Demonstrationsbetrieb des ökologischen Landbaus regelmäßig seine Tore für Menschen, die mehr wissen wollen über die Art von Landwirtschaft, die Johannes Kayßer und seine Mitarbeiter und Mitarbeiterinnen umsetzen. Individuelle Führungen zu verschiedenen Schwerpunktthemen über die Felder werden angeboten, Termine können auch kurzfristig stattfinden.

Bereits seit 1988 setzt der Tannenhof aus Überzeugung auf bio. „Unser Anliegen ist es, gesunde, geschmackvolle Lebensmittel zu erzeugen, die diesen Namen verdienen. Die Bewahrung der Schöpfung und das Lob unserer Kunden ist unser Antrieb", beschreibt sich der Betrieb selbst.

DER TANNENHOF

Hof Vockerode 5
36179 Bebra-Imshausen
www.tannenhof-imshausen.de

Der Tannenhof liegt in Nordosthessen, auch Waldhessen genannt, bei Bebra auf der Imshäuser Höhe, in direkter Nachbarschaft zur Kommunität Imshausen. Von ihr haben die Betreiber über die Hälfte der Flächen gepachtet. Insgesamt bewirtschaftet der Tannenhof etwa 62 Hektar, davon 52 Hektar Ackerland, gut neun Hektar Grünland und einen halben Hektar Streuobst. Die Biobauern setzen auf natürliche Bodenfruchtbarkeit, die sie gezielt fördern. Klar, dass auf Pestizide, Gentechnik und chemisch-synthetische Düngemittel verzichtet wird.

Alle Produkte, die auf dem Hof erzeugt werden, werden auch im kleinen Hofladen verkauft. Dort gibt es saisonal unterschiedlich frische Kartoffelsorten, Speisegetreide wie Roggen, Weizen, Dinkel und Hafer sowie Leinsamen und 15 verschiedene Sorten Knoblauch – von mild bis scharf. Aus eigener Produktion gibt es auch Gemüse sowie von regionalen Produzenten Tee- und Kräutermischungen, Seifen aus Schafmilch, Honig und vieles mehr. Der Hofladen hat geöffnet: Montag bis Freitag von 14.30 bis 15 Uhr, Donnerstag 18.30 bis 19 Uhr und Samstag von 11.30 bis 12 Uhr.

Als besonderes Highlight kann man die Arbeit auf den Feldern mit den Zugpferden erleben. Für Johannes Kayßer bedeutet die Arbeit mit Pferden in der Landwirtschaft nicht rückwärtsgewandtes Bewahrenwollen der sogenannten ***„guten alten Zeit“***, sondern im Gegenteil moderne Landwirtschaft. Die Wagen haben moderne Technik, die Pferde verdichten den Boden weniger als schwere Traktoren und Maschinen und sie konsumieren erneuerbare Energien statt teures Öl. Zudem hinterlassen sie wertvollen Mist als Dünger. Wer jetzt Lust bekommen hat: In den Sommermonaten kann man live bei der Kartoffelernte dabei sein. Denn diese wird auf dem Tannenhof ganz traditionell mit Pferden gemacht.

Tipp

Wer gern wandert, kann den Quincunx-Kulturlandschaftsweg erkunden. Er verbindet die fünf Bebraer Stadtteile Imshausen, Braunhausen, Gilfershausen, Solz und Iba miteinander. Drei der vier Wanderwege führen direkt am Hof entlang und laden zu neuen Aussichten und Einsichten ein. Ganz andere Kultur gibt es im 14 Kilometer entfernten Bad Hersfeld zu erleben: Dort finden jedes Jahr im Sommer die Hersfelder Festspiele in der 1000 Jahre alten Stiftsruine statt. Tickets dafür sind sehr begehrt: www.bad-hersfelder-festspiele.de

BORKEN-NASSENERFURTH: SCHLOSS HIRSCHGARTEN

Tees aus heimischen Kräutern

Eine hohe Mauer umschließt das frühere Wasserschloss aus dem 13. Jahrhundert, das heute den Namen Hirschgarten trägt. Betritt man durch das Tor das Gelände, versteht man sofort, was die beiden Schauspieler Bettina Hauenschild und Otto Kukla dazu bewogen hat, hier ihre Zelte aufzuschlagen, zu leben und zu arbeiten. „Das ist ein Ort der Arbeit, der Stille und des Wachsens", sagen die beiden und haben diese Vorstellung in vielfältiger Weise seit 2018 umgesetzt. Ihre Passion sind vor allem Kräuter und ihre optimale Weiterverarbeitung.

Im Mittelpunkt der gärtnerischen Arbeit stehen der 1500 qm große Heilkräuter- und Schaugarten neben dem Schloss und der etwas entfernte, weitere 4000 qm große Produktionsgarten. Insgesamt werden 90 verschiedene Kräuterkulturen angebaut, alle Flächen – weitere sieben Hektar Grund gehören zum Schloss – werden nach Bioland-Richtlinien bewirtschaftet.

„Wir sind eine Manufaktur im ursprünglichsten Sinn", sagt Otto Kukla. Bei der Bearbeitung der Flächen wird der Einsatz von Maschinen so gering wie möglich gehalten, fast alles geschieht manuell: „Es wird von Hand gesät, geerntet, gerebelt und geschnitten", berichten die Schlossbewohner. Nur so werden Aromen und Heilwirkung erhalten. Inzwischen leben fünf Mitarbeiter im Schloss, weitere helfen bei der Arbeit, auch Praktikanten sind unverzichtbar.

SCHLOSS HIRSCHGARTEN

Forsthausstraße 1
34582 Borken-Nassenerfurth
www.schloss-hirschgarten.de

Wenn aus den getrockneten Kräutern die 12 verschiedenen Teemischungen zusammengestellt sind, werden sie auch per Hand verpackt. Kunden sind Bioläden und regionale Läden, auch per Online-Shop können alle Produkte bestellt werden. Für Bettina Hauenschild ist vor allem wichtig, dass durch ihre Arbeit die immense Bedeutung der heimischen Kräuter für die Menschen weitere Verbreitung findet.

Das Schloss und seine Angebote sind offen für Interessierte. Jeden ersten Sonntag im Monat gibt es Kräuterführungen durch den Schaugarten, das ganze Jahr über finden Kurse der Kräuterschule statt. Das Schlosscafé ist jeden Sonntag von 14 bis 18 Uhr geöffnet, im Sommer draußen, ab Herbst im grünen Salon. Es gibt hausgemachte Kuchen und die eigenen Teemischungen, aber natürlich auch Kaffee und Limonaden.

Inzwischen werden in den Räumen regelmäßig Meditationen und Yoga-Kurse angeboten, man kann einen Massagetermin vereinbaren oder eine Reiki-Behandlung buchen. Das Schloss bietet Raum für Vorträge, Lesungen und eine Vielzahl kultureller Veranstaltungen im Jahresverlauf. Man kann dort auch übernachten: Im Schweizerhaus innerhalb der Schlossmauern wurde ein Bed & Breakfast eingerichtet mit mehreren Einzel-, Doppel- und Familienzimmern. „Bei uns gibt es kein Fernsehen, kein Internet", sagt Bettina Hauenschild, dafür viel Ruhe. Das wissen die Gäste zu schätzen. Die Nachfrage nach den Übernachtungsmöglichkeiten ist groß.

Tipp

Nur wenige Gehminuten vom Schloss Hirschgarten entfernt liegt der Borkener See, ein früherer Braunkohletagebau, heute eine Idylle der stillen Erholung und Kernstück eines Naturschutzgebietes von überregionaler Bedeutung. Die besondere, nährstoffarme Wasserqualität und die Steilküste am Ostufer sind eine Oase für Menschen, Tiere und Pflanzen. Auf dem rund acht Kilometer langen Wander- und Radweg rund um den See kann man die Einmaligkeit der Landschaft erwandern und erfahren. Weitere Seen in wenigen Kilometern Entfernung laden zum Baden und Surfen ein, sie sind alle frühere Tagebaugebiete und gehören zur Borkener Seenlandschaft.

BORKEN: MACH´S ANNERSDER

Das Ehepaar Petra Lämmer und Markus Mach hat in Borken etwas ganz Besonderes realisiert: einen kleinen Laden, in dem sie regionale Produkte anbieten, aber auch Weine und Kunsthandwerk. Dazu gibt es Bierspezialitäten und ein kleines Hofcafé, in dem man im Sommer selbstgemachte Torten und Kuchen genießen kann. Einige Produkte werden selbst hergestellt, etwa Brotaufstriche und das Bier aus der eigenen Kleinstbrauerei. Dort bietet Markus Mach auch Braukurse an. Bier- und Weinverkostungen sind auf Anfrage möglich. Der Laden ist geöffnet Mittwoch 10 bis 13 Uhr, Donnerstag und Freitag 10 bis 13 Uhr und 14 bis 18 Uhr, Samstag 10 bis 13 Uhr.

Produkte: Brotaufstriche, Kaffee, Tee, Gewürze, Liköre, Bierspezialitäten, deutsche Weine und vieles mehr.

Bommerweg 18
34582 Borken
Tel. 05682/2426

BORKEN-KERSTENHAUSEN: DER POSTHOF

Ein Stopp beim Posthof in Borken-Kerstenhausen, direkt an der B 3 gelegen, lohnt immer. Der Hofladen des Betriebes, auch Speisekammer genannt, bietet ausschließlich Produkte vom eigenen landwirtschaftlichen Betrieb wie Wild aus dem eigenen Revier, Mehl, Honig, Fruchtaufstriche und Wurstkonserven sowie Produkte von anderen Direktvermarktern aus der Region. Der Hofladen hat dienstags von 15 bis 18 Uhr, freitags von 10 bis 13 Uhr und 15 bis 18 Uhr und samstags von 10 bis 13 Uhr geöffnet. Der Posthof bietet Übernachtungen an – günstig gelegen für Radtouristen direkt am Schwalmradweg. Im Getreidespeicher des Posthofes finden regelmäßig Veranstaltungen statt, zum Beispiel Wein-, Rum- oder Biertasting.

Produkte: Wild, Wurstkonserven, Mehl, Honig, Fruchtaufstriche, Brot

Frankfurter Straße 4
34582 Borken-Kerstenhausen
Tel. 05682/734497 oder 0174/2707268

BORKEN-NASSENERFURTH: DER SCHMIEDEHOF

Im Schlag 1A
34582 Borken-Nassenerfurth
Tel. 05682/4097543
www.schmiedehof.bio

Auf dem Schmiedehof von Michael Pillkowsky kann man biologisch erzeugte Lebensmittel im Hofladen kaufen, aber man kann noch viel mehr: Pillkowsky möchte, dass sein Bauernhof zum Erlebnis wird. Wer Interesse an Landwirtschaft hat, kann gerne vorbeikommen und sich Tiere, Anbauflächen und Gewächshäuser anschauen. Führungen für Privatpersonen, Schulklassen und Vereine können vereinbart werden. Pillkowsky hat 2016 das „SoLaWi"-Projekt in Borken ins Leben gerufen. Jede Woche steht für die Teilnehmer ihr Anteil an aktuell erntefrischem Gemüse der Saison an verschiedenen Abholstellen bereit oder wird ausgeliefert. Der Hofladen hat freitags von 14 bis 18 Uhr geöffnet, mittwochs (März bis Oktober) und samstags ist der Schmiedehof auf dem Wochenmarkt in Baunatal vertreten.

Produkte: regionale Lebensmittel wie Gemüse, Eier, Wurst in Bio-Qualität

BREUNA: BIOBETRIEB ULOTT

Wer frische, regional erzeugte Produkte in Bio-Qualität von Rindern, Schweinen und Hühnern bevorzugt, der ist beim landwirtschaftlichen Biobetrieb Ulott in Breuna richtig. Die Fleischpakete von Schwein, Rind und Hähnchen können bestellt werden und werden nach der Schlachtung auch per Lieferservice zum Kunden gebracht. Eier und daraus produzierte Frischei-Nudeln von den Hennen sind in der Verkaufsbox zu finden. Dort gibt es auch Wurstwaren. Aus eigenem Anbau gibt es außerdem Kartoffeln, Gemüse und Erdbeeren. Der SB-Hofladen ist täglich geöffnet von 8 bis 20 Uhr.

Produkte: Eier, Fleisch und Wurst, Geflügel, Kartoffeln, Obst und Gemüse, Nudeln und Getreide

Volkmarser Straße 39 | 34479 Breuna | Tel. 05693/7282 oder 01523/3964583
www.facebook.com/bioulott

CALDEN-OBERMEISER: BIOHOF WARMETAL

Eine bunte Tierfamilie lebt bei den Himmelmanns, die den Biohof Warmetal und den Bioladen in Calden-Obermeiser betreiben. Auf dem Hof sind Milchziegen, Fleischziegen, Legehennen, Masthähnchen, vier Esel, ein Hofhund und drei Pferde zuhause. Die Bio-Legehennen leben in fünf verteilten Hühnermobilen. Die Junghenneneier werden zu Bio-Dinkelnudeln verarbeitet. Im Bio-Laden gibt es neben den eigenen Produkten des Biohofs Warmetal viele Bio-Lebensmittel anderer Produzenten aus der Region.

Warburger Straße 26 | 34379 Calden-Obermeiser | Tel. 0171/2882281

CALDEN-FÜRSTENWALD: ULLRICHS BAUERNLADEN

„Vom Ferkel zur Wurst aus einer Hand", so lautet der Slogan von Ullrichs Bauernladen in Calden-Fürstenwald. In dem Hofladen bietet die Familie Leckereien direkt vom Bauernhof. Das Schweinefleisch kommt aus eigener Aufzucht und Schlachtung und wird verarbeitet zu einem reichhaltigen Sortiment an Wurstwaren, Grillfleisch und Salaten. Gemüse, Obst, Ziegenkäse und Eier, Bio-Eier und Eierlikör, Haferflocken, Nudeln, Öle, Käse, Joghurt und Eis ergänzen das Angebot. Eine Vespergelegenheit mit Getränkeauswahl findet sich auf der Empore im Laden. Weiterhin können Planwagenfahrten gebucht werden.

Geöffnet Donnerstag 9 bis 13 Uhr, 15 bis 18 Uhr, Freitag 8 bis 18 Uhr, Samstag 8 bis 12 Uhr.

Produkte: Wurst und Fleisch vom Schwein, regionale Lebensmittel von Käse über Öle bis zu Eiern

Weimarer Straße 34 | 34379 Calden-Fürstenwald | Tel. 05609/1387
www.ullrich-bauernladen.de

EDERMÜNDE-GRIFTE: SALZGUT & CO.

Salze für jede Gelegenheit

„So hast Du Salz noch nie geschmeckt“: Das verspricht Meike Bauer, die in ihrer „Hexenküche“ unterm Dach in Edermünde-Grifte eine kleine, aber feine Manufaktur betreibt. Sie stellt eine Vielzahl ganz besonderer Speisesalz-Kreationen her, und das „mit 100 Prozent Herzblut“, wie sie versichert. Komplett in Handarbeit produziert sie seit 2018 Salze, immer angereichert mit unterschiedlichen Aromen und Zusätzen.

Erste Versuche, mit selbst gesammeltem Bärlauch vom nahen Odenberg ein Kräutersalz herzustellen, führten zu immer neuen Experimenten und immer besseren Ergebnissen. Inzwischen gibt es einen großen Kundenkreis für ihre Produkte. Sie sind immer handgemacht und mit natürlichen Aromen, frei von Farb- und Konservierungsstoffen.

Basis ihrer Salze ist ein grobes italienisches Meersalz, das mit frischen Kräutern, Essenzen, Wein etc. im Trockengerät gemischt und lange getrocknet wird. Dann wird die Mischung gemahlen und schließlich verpackt in kleinen Glasfläschchen oder Reagenzgläsern.

Knapp 20 verschiedene Salze hat Meike Bauer im Angebot, sie liefert auch Tipps, wofür man sie am besten verwenden kann: Röstzwiebelsalz etwa für Bratkartoffeln, Suppen und Frischkäsebrot, Orangensalz für Salatsoßen, zu Gans und Ente oder Pecannuss-Teig. Besonders beliebt: das Fritten-Salz für Pommes und Kartoffelgerichte aller Art.

SALZGUT & CO.

•

Hühnefelder Straße 6
34295 Edermünde-Grifte
www.salzgut-und-co.de

Auch wer ein individuelles Geschenk sucht, ist bei Meike Bauer richtig: Sie kreiert schöne Arrangements mit ihren Salzen und Zubehör für jede Gelegenheit. Ihre Salze vertreibt sie direkt auf Märkten und über das Internet.

Weitere Hofläden & Manufakturen

GROSSALMERODE-WEISSENBACH: DER URGESCHMACK

Am Fuße des Hohen Meißners, im kleinen Dörfchen Weißenbach, riefen 1989 zwei Frauen die Jausenstation ins Leben, mit traditioneller nordhessischer Küche und regionalen Zutaten. Matthias Pflüger entwickelte das Konzept seiner Mutter und Tante weiter und kreierte den „Urgeschmack“: Ahle Wurscht-Manufaktur, Bioland-Hofkäserei, Fertiggerichte im Glas, Hofladen, Online-Shop und Vier-Sterne-Pension in einem. „Der Urgeschmack“ wurde zu einem Produzenten hochwertiger, regionaler Lebensmittel, die immer mehr Kunden fanden. Das Slow-Food-Restaurant „Jausenstation“ wurde 2023 geschlossen, der Hofladen in Großalmerode-Weißenbach bleibt geöffnet, ebenso die Pension. Seit 2017 hat „Der Urgeschmack“ ein weiteres Hofladen-Geschäft in Kassel im Stadtteil Bad Wilhelmshöhe. Dort gibt es das komplette eigene Sortiment und Produkte anderer regionaler Hersteller.

Weißenbachstraße 1a | 37247 Großalmerode-Weißenbach und Wilhelmshöher Allee 268 | 34131 Kassel-Bad Wilhelmshöhe

EDERMÜNDE-BESSE: HOFLADEN ALBERT

Auf Hausmacher-Wurstwaren aller Art hat sich der Hof Albert in Edermünde-Besse spezialisiert. Die eigenen Schweine leben auf Stroh, bevor sie geschlachtet werden. Im Hofladen gibt es Alte Wurscht, luftgetrocknet oder geräuchert, Sülze, Jagd- und Blutwurst, Grillfleisch und viele andere regionale Produkte. Die Familie Albert arbeitet auch als Land- und Forstunternehmen.

Der Hofladen hat Dienstag von 10 bis 12 und 15 bis 18 Uhr, Freitag 15 bis 18 Uhr und Samstag 9 bis 12 Uhr geöffnet, der Selbstbedienungsautomat täglich von 8 bis 20 Uhr.

Produkte: Hausmacher-Wurst, Fleisch, Gemüse, Käse, Saft

An der Linde 4 | 34295 Edermünde-Besse | Tel. 05603/6679

EDERMÜNDE-BESSE: HOF RASCHKE

Tim Raschke und Manuela Raschke-Puplicks betreiben im Edermünder Ortsteil Besse einen Bauernhof mit Direktvermarktung. Sie halten und verarbeiten Schweine, Rinder, Hühner, Gänse und Puten. Auf dem Hof gibt es eine Angus-Herde, die aus 30 Kühen plus Nachzucht besteht. Die Galloways und Highlands sind ganzjährig auf der Weide. Sie stehen auf einem der größten innerstädtischen Naturschutzgebiete Deutschlands, der „Dönche“ in Kassel. Die Hühner leben in Mobilställen, die Hähnchen und Puten auf Stroh. Der Hofladen in Besse hat geöffnet am Mittwoch von 13 bis 18 Uhr, Freitag 8 bis 18 Uhr und Samstag 9 bis 13 Uhr, der SB-Bereich täglich 8 bis 20 Uhr, die Verkaufshütte in Fritzlar, Siechenrasen 1, täglich 8 bis 22 Uhr.

Produkte: Fleisch und Wurst aus eigener Herstellung, Rind, Schwein und Geflügel; Eier und Nudeln

Klappgasse 19 | 34295 Edermünde-Besse | Tel. 0173/7490288 | www.hofraschke.de

FELSBERG-BRUNSLAR: DORFLÄDCHEN STÖCKER

Zur Rast in den Edder-Biergarten

Die Eder fließt gleich nebenan durch die Brunslarer Wiesen, gequert von einer alten Steinbrücke. Ein idyllisches Plätzchen – kein Wunder also, dass besonders bei schönem Wetter die Gäste, viele mit Fahrrädern, vor dem „Edderbiergarten“ in Neuenbrunslar schon mal Schlange stehen und auf einen freien Sitzplatz warten. „Der Andrang ist enorm, damit hätten wir nie gerechnet“, sagt Gabriele Stöcker. Sie ist Teil der Familie, die seit 2020 das Dorflädchen betreibt, zusammen mit dem Biergarten.

„Wir sind quasi Quereinsteiger in Sachen Landwirtschaft und Direktvermarktung“, erzählt sie. Den Hof in Brunslar kauften sie erst, als Sohn Tim als gelernter Landwirt selbst wirtschaften wollte. So fing es an, mit eigener Schlachtung und Ab-Hof-Verkauf der Ahlen Wurst – und heute betreibt Sohn Nico, eigentlich gelernter Industriemechaniker, den Dorfladen mit Biergarten in Brunslar, vermarktet dort die Produkte, die sie selbst herstellen.

„Das Interesse ist groß“, erkannte Stöcker und suchte nach Möglichkeiten, die Schweine vom Hof seines Bruder in der Nähe auch zu schlachten. Der Bau eines Schlachthauses direkt in Brunslar klappte nicht, aber es ergab sich die Chance, eine Fleischerei im benachbarten Guxhagen zu übernehmen.
Seit Mai 2023 gibt es auch dort, in der Poststraße 3, die Produkte der Stöckers im Laden zu kaufen. Geschlachtet wird in der zugehörigen Schlachterei in Edermünde-Holzhausen.

DORFLÄDCHEN STÖCKER

Dorflädchen und Biergarten
Weinbergstraße 7
34587 Felsberg-Neuenbrunslar

In beiden Läden bietet die Familie Stöcker ihr eigenes Fleisch an, sei es als Grillfleisch oder verarbeitet zu Wurst im Glas oder nordhessischer Ahler Wurst. Dazu kommen regional produzierte Lebensmittel anderer Landwirte. Rund um die Uhr kann man Produkte im Selbstbedienungsautomaten bekommen.

Auch alles, was im Biergarten angeboten wird, zu den Öffnungszeiten oder bei Veranstaltungen, stammt aus eigener Herstellung. Ob es Schnitzelabende sind, Schlachtefeste oder Grillabende: „Wir bieten nur unsere eigenen Waren an", betont Nico Stöcker. Ein Koch bereitet die Speisen zu, ebenso die fertigen Mahlzeiten im Glas, die im Kühlregal des Ladens stehen und immer beliebter werden. „Viele Menschen sind Singles, die wissen gut gekochte Hausmannskost zu schätzen und müssen sie nicht selbst kochen", so die Erfahrung. Stöckers bieten außerdem kalte Platten an, übernehmen das Catering bei Festen oder Veranstaltungen außer Haus und stellen Präsentkörbe zusammen.

Was im Laufe der Zeit aus dem kleinen Rastplatz neben dem Lädchen entstand, erstaunt die Familie immer noch. Wegen der großen Nachfrage wurde aus ein paar Bierbänken, wo man sich hinsetzen und erfrischen konnte, eine richtige

Gastronomie. In dem festen Holzhaus mit Theke kann man das ganze Jahr über sitzen, davor steht ein wetterfestes Zelt. Im Sommer gibt es auf der Grasfläche unter Bäumen Sitzgruppen, die natürlich besonders beliebt sind. „Viele Gruppen und auch Senioren kommen gerne zum Kaffeetrinken hierher", erzählt Gabriele Stöcker. Zum Kaffee gibt es nämlich auch die selbstgebackenen Torten und Kuchen.

Laden in
Guxhagen
Poststraße 3
34302 Guxhagen

Dorflädchen
EDDER-BIERGARTEN

www.facebook.com/people/Edderbiergarten-Dorflädchen

Tipp

Eine Radtour entlang des Ederradweges führt direkt an dem Biergarten und Dorflädchen der Familie Stöcker vorbei. Nicht weit entfernt, in Felsberg, steht die Ruine der historischen Felsburg, einer Höhenburg, die erstmals im 11. Jahrhundert erwähnt wird. Sie wird von dem Burgverein betreut und kann an Sonn- und Feiertagen besichtigt werden. In der Kapelle der Burg wurde ein Burgmuseum eingerichtet. Im restaurierten Burgkeller finden in den Sommermonaten standesamtliche und kirchliche Trauungen statt.

FRITZLAR: FISCHZUCHT RAMEIL

Frisch aus dem Ederwasser

Frischer geht's wohl nicht: Wer Forelle oder Saibling aus regionaler Aufzucht auf den Teller bringen möchte, der ist beim Fischzuchtbetrieb Rameil in Fritzlar an der richtigen Adresse. Direkt in den Ederauen, neben dem Fluss mit seinem kühlen Wasser, liegen die Fischteiche der Familie, die in fünfter Generation die Aufzucht und Vermarktung von Forellen und anderen Süßwasserfischen betreibt. Der Urgroßvater Emil Rameil gründete 1901 eine der ersten Forellenzuchten in Deutschland.

1958 legte Herbert Rameil den Grundstein für die jetzige Fischzucht in Fritzlar. Die günstige Lage unterhalb der Edertalsperre sichert eine ganzjährige Wasserversorgung. Der Betrieb wurde sukzessive über die Jahrzehnte erweitert und modernisiert. Zusätzlich gibt es seit 1996 die Brutaufzuchtanlage Altendorf auf einem Quellwasser-Grundstück. Etwa eine Million Fische werden pro Jahr aufgezüchtet, die Hälfte geht lebend an Angelvereine und andere Betriebe, die andere Hälfte wird gefüttert, geschlachtet, filetiert und an Endverbraucher verkauft.

„Wir liefern nur in die Region, da sind die Transportwege kurz", sagt Juniorchef Henrik Rameil, denn auch auf Nachhaltigkeit legt er Wert. Die 100 Tonnen

FISCHZUCHT RAMEIL

Pipprichsweg 7
34560 Fritzlar
www.fischzucht-rameil.de

Fisch könnten jedoch nicht nur über den Hofladen verkauft werden, es gibt zahlreiche Großabnehmer wie das Studentenwerk in Kassel für die Mensa, Kliniken in Bad Wildungen und Restaurants in der Region Nordhessen. Energetisch sieht man sich auch auf dem richtigen Weg: Der Strom wird durch ein eigenes Wasserkraftwerk erzeugt – sogar mehr, als der Betrieb selbst benötigt.

Auf dem Gelände in den Fritzlarer Ederauen, einem beliebten Naherholungsgebiet, liegt neben den Betriebsgebäuden und -anlagen der Hofladen. Dort erwartet den Kunden eine große Vielfalt an heimischen Fischarten. Aale, Forellen, Saiblinge, Karpfen sowie Hechte und Zander gibt es, je nach Saison, küchenfertig und täglich frisch. Ein vielseitiges Angebot an frischem Seefisch und Meeresfrüchten ergänzt das Sortiment.

Der Betrieb bietet nach Absprache Betriebsbesichtigungen für Personengruppen ab zehn Teilnehmern an. Neben den interessanten Informationen rund um die Fischzucht gibt es nach dem Rundgang außerdem eine Verkostung der frischen Produkte.

FISCHZUCHT RAMEIL

Zum Unternehmen der Familie Rameil gehört der Groß- und Einzelhandel Aqua Handelsfisch mit Sitz in Edermünde-Holzhausen, direkt an der A49. Vom Fischumschlagszentrum Bremerhaven erreichen mehrmals pro Woche über Nacht Seefischlieferungen per Kühlfahrzeug die Lagerhallen in Edermünde. Ein Großteil des Süßwasserfisches, zum Beispiel Forelle, Lachsforelle, Saibling, Karpfen oder Aal, wird täglich fangfrisch aus von der Fischzucht Hermann Rameil aus Fritzlar angeliefert.

Tipp

Die alte Dom- und Kaiserstadt Fritzlar, inzwischen 1300 Jahre alt, erhebt sich über dem Edertal und hat sich als Sehenswürdigkeit etabliert. Der historische Marktplatz mit dem Rolandsbrunnen, das Museum im größten Fachwerkhaus Nordhessens, der Dom mit Dommuseum und dem Denkmal des Missionars und Stadtgründers Bonifatius locken alljährlich viele Touristen an. Der Spaziergang aus der Innenstadt bis zu den Auen entlang der Eder führt an den Fischteichen vorbei.

FRANKENAU-ELLERSHAUSEN: MILCHVIEHBETRIEB GARTHE-METZ

Wie wird das Kälbchen zur Kuh? Das können Besucher auf dem Bauernhof der Familie Garthe-Metz in Ellershausen erkunden. Die 60 Kühe der Rasse „Red Holstein" bewegen sich in einem Boxenlaufstall mit besonderem Kuhkomfort, wo mittels Bürsten, Duschen und Lüftern für ihr Wohlbefinden gesorgt wird. Besucher dürfen die Hoftiere streicheln, zu denen auch Ziegen und Kaninchen gehören. Aus der Milch der Kühe stellen sie ihren eigenen Käse her, den man auf dem Hof verkosten und kaufen kann. Der Hofladen hat geöffnet Samstag 9 bis 11 Uhr.

Produkte: Käse aus eigener Herstellung

In der Gasse 7 | 35110 Frankenau-Ellershausen | Tel. 06455/689

FRIELENDORF-ALLENDORF: WEIZENBRENNEREI HAHN

Seit über 120 Jahren produziert die Familie Hahn in ihrem Betrieb in Frielendorf-Allendorf Spirituosen und Liköre, die sich großer Beliebtheit erfreuen. Im Laufe der Jahre entstand ein reichhaltiges Sortiment, das mit viel Herzblut hergestellt wird. Von der süßen Leckerei bis zum Kräuterlikör werden mehrere Schnapssorten produziert. Der Grundstoff der Liköre sind Weizenfeindestillate. Die Palette der Produkte reicht vom Knüllfeuer, einem Kräuterschnaps, bis zum Apricot-Brandy, einem Aprikosenlikör auf Weizenkornbasis. Persönliche Wünsche der Kunden werden berücksichtigt, spezielle Etiketten angeboten. Der Betrieb vermarktet seine Produkte direkt und ist Mitglied bei Landmarkt.

Produkte: Weizenkorn, verschiedene Liköre und Schnäpse

Holzweg 8 | 34621 Frielendorf-Allendorf | Tel. 05684/8807
www.weizenbrennerei-hahn.de

FRITZLAR-LOHNE: DER BREDENHOF

Der Hof ist ein landwirtschaftlicher Vollerwerbsbetrieb im nordhessischen Lohne, einem Ortsteil der Domstadt Fritzlar. Bewirtschaftet werden etwa 120 Hektar mit Ackerbau. Die Schweine werden im Offenstall auf Stroh gehalten, das Futter selbst und ohne Gentechnik erzeugt. Bereits seit 1987 werden die eigenen Erzeugnisse direkt vermarktet: Im Hofladen gibt es Fleisch- und Wurstwaren aus eigener Schlachtung, außerdem Wildschweinfleisch aus der Ansitzjagd in Lohne/Heimarshausen. Samstags ist der Bredenhof auf dem Fritzlarer Wochenmarkt präsent.

Die Produkte: Hausmacher-Wurst, Ahle Wurst, Schweinefleisch

Gudensberger Straße 22
34560 Fritzlar-Lohne
Tel. 05622/2786
www.bredenhof.de

FRITZLAR: DAS LINDENHOF-LÄDCHEN

Der große Hofladen mit Metzgerei des Lindenhofs in Fritzlar, etwas außerhalb im Süden der Domstadt gelegen, hält ein umfangreiches Angebot an Fleisch, Gemüse, Eiern und selbstgemachten Nudeln bereit. Die Produkte sind stets frisch und aus eigener Produktion. Neben den Fleischprodukten im Laden bietet der Lindenhof auch einen Partyservice an. Egal ob Hochzeit, Taufe, Betriebsfeier oder Vereinsfest, zehn oder 1000 Personen. Die Speisen werden perfekt auf den Anlass abgestimmt, von rustikal bis exquisit, vom kleinen Imbiss bis hin zum großen Buffet. Ab 25 Euro Bestellwert gibt es einen Lieferservice von Montag bis Freitag. Das Lindenhoflädchen ist geöffnet Montag bis Freitag 8 bis 18 Uhr, Samstag 7.30 bis 13 Uhr, mittwochs und samstags auf dem Fritzlarer Wochenmarkt, donnerstags auf dem Borkener Wochenmarkt.

Lindenweg 7 | 34560 Fritzlar
Tel. 05622/1579
www.lindenhof-laedchen.de

FULDATAL-SIMMERSHAUSEN: JÜTTES WEIDBERGHOF

Leckeres vom Hof und im Café

Viele Menschen achten heute wieder mehr auf die Herkunft der täglich konsumierten Lebensmittel. Im Café und Hofladen des Weidberghofes der Familie Jütte in Simmershausen im Fuldatal gibt es eine Vielfalt von selbst erzeugten Produkten, in Kooperation auch Erzeugnisse von anderen regionalen Herstellern. Dazu gehören Frischmilch, selbst hergestellter Käse, Quark, Joghurt, köstliches Eis, Eier, Honig, Wurst und weitere regionale Lebensmittel.

Der Weidberghof besteht seit dem Jahre 1965 und liegt inmitten eines Landschaftsschutzgebietes. Auf den Wiesen in der Umgebung finden die Milchkühe bestes Weideland. Neben dem Weidegang nutzen die Landwirte die Flächen als Mähweide für die Heu- und Silagebereitung. Zusätzlich bewirtschaftetes Ackerland sorgt für die Zufütterung und Futterproduktion. Dort wachsen heimische Feldfrüchte, zum Beispiel Weizen, Raps, Mais und Zuckerrüben in einer abwechslungsreichen Fruchtfolge. Gründüngung mit Zwischenfruchtanbau fördert die Bodengesundheit.

Auf dem Betrieb sind neben Katzen und einem Hund auch 75 Milchkühe zu Hause. Die hofeigene Nachzucht hat hier einen hohen Stellenwert. Aus diesem Grund werden die Tiere artgerecht in

JÜTTES WEIDBERGHOF

Weidberg 1
34233 Fuldatal-Simmershausen
www.weidberghof.de

einem geräumigen Boxenlaufstall gehalten und verbringen im Sommer einen großen Teil des Tages auf der Weide. Bei der Fütterung werden vorwiegend eigene Futtermittel eingesetzt. „Durch die hofeigene Nachzucht, das selbsterzeugte Futter, die regelmäßigen Untersuchungen durch unabhängige Kontrollinstitute und die Produktion in der hofeigenen Käserei können wir den Kunden die Sicherheit und Nachverfolgbarkeit unserer Produkte bieten, die heutzutage immer wichtiger wird und trotzdem bei vielen anderen immer weniger vorhanden ist“, betonen die Jüttes.

Ein Magnet für Ausflügler ist das Hofcafé, in dem man entspannen kann. Jeden Sonntag von 14 bis 17 Uhr gibt es selbst gebackene Kuchen und Torten, Kaffee und Säfte. Bei Fahrradtouren und Spaziergängen gilt der Hof als idealer Zwischenstopp. Im Café finden 50 Personen Platz. Darüber hinaus stehen bei schönem Wetter mehr als 50 Plätze auf der Terrasse zur Verfügung.

Ob für einen Ausflug, Geburtstage, Hochzeiten, Konfirmationen oder andere Anlässe: Der Weidberghof bietet einen gemütlichen Ort zum Verweilen und Genießen. Reservierungen sind telefonisch, per E-Mail oder Kontaktformular möglich. „Schauen Sie doch einfach mal vorbei und überzeugen Sie sich selber von unserem Sortiment und dem unnachahmlichen Geschmack“, lädt Familie Jütte ein.

Tipp

Nicht weit von Simmershausen entfernt liegt die Volkssternwarte in Rothwesten (www.volkssternwarte-rothwesten.de), das ebenfalls zu Fuldatal gehört. Die Sternwarte, die im September 1963 eröffnet wurde, bietet an Samstagabenden Führungen bei wolkenlosem Himmel, je nach Jahreszeit startet sie zwischen 20 und 22 Uhr. Aus Platzgründen ist eine vorherige Anmeldung unter Tel. 05607/7712 nötig. Für Führungen in der Volkssternwarte wird kein Eintritt erhoben. Spenden zum Unterhalt sind jedoch willkommen.

GUDENSBERG: KAFFEERÖSTEREI RÖSTRAUSCH

Fair gehandelt, vor Ort geröstet

Ohne Leidenschaft für das Produkt könnte man keine Kaffeerösterei betreiben: Da ist sich Georg Ruhm sicher. Er habe schon früh diese Leidenschaft für guten Kaffee, für den Geschmack, den Geruch, die verschiedenen Aromen entwickelt, erzählt der Mann, der sich vor inzwischen 13 Jahren entschloss, in Gudensberg eine eigene Kaffeerösterei zu gründen.

Warum gerade dort? „Ich hatte Freunde, die in der früheren Halle einer Mosterei die Firma Saftmobil für gesunde Fruchtsäfte übernommen hatten“, berichtet er. Und dort gab es den Raum, auch eine Rösterei einzurichten – und die Hoffnung auf Kundschaft, die nicht nur natürliche, regionale Säfte, sondern auch handgerösteten Biokaffee aus fairem Handel zu schätzen wüsste.

Die Entscheidung, sich mit dem „Röstrausch“ selbständig zu machen, hat der studierte Agraringenieur nie bereut. Er lernte hinzu durch etliche Praktika bei verschiedenen Röstern und qualifizierte sich immer weiter. Die gute Zunge und die Passion für guten Kaffee brachte er schon mit.

In dem früheren Abfüllraum der Mosterei hat die Rösterei ihr Domizil gefunden. „Wir sind nach wie vor eine Manufaktur

KAFFEERÖSTEREI RÖSTRAUSCH

•

Schwimmbadweg 4
34281 Gudensberg
www.roestrausch.de

im besten Sinne“, sagt Georg Ruhm. Der Rohkaffee wird angeliefert von Produzenten aus aller Welt – Südamerika, Mexiko, Äthiopien und Indonesien – und alle Lieferanten sind zertifizierte Bio-Betriebe. Außerdem werden die Kaffeebauern fair bezahlt für ihre Waren, bekommen einen adäquaten Preis. „Die Arbeit auf den Kaffeeplantagen ist ein harter Job“, sagt der Gudensberger Röster, das müsse man entsprechend entlohnen. Es gehe schließlich auch darum, den weltweiten Industriekonzernen etwas entgegenzusetzen, die die Preise für die Anbauer drücken. „Wir wollen, dass die Menschen erkennen: So kann Kaffee schmecken.“

In Gudensberg kommt der Rohkaffee in den klassischen 69-Kilo-Jutesäcken an. Das stamme noch aus den Zeiten, als Sklaven die Säcke tragen mussten – und da waren 69 Kilo die Menge, die auf dem Rücken zu schaffen war, erzählt Ruhm. In dem Kaffeeröster in Gudensberg werden die bis dahin blassgrünen Bohnen zu den dunkelbraunen Kaffeebohnen, wie wir sie kennen.

In dem Röster werden pro Charge maximal 15 Kilo Rohkaffee verarbeitet. Der gesamte Röstvorgang dauert etwa 13 bis 17 Minuten und wird vom Fachmann genau beobachtet: Er sitzt neben dem Röster am Computer und steuert, mit welchen Temperaturen die Bohnen verarbeitet werden. Denn davon hängen die speziellen Aromen ab, letztlich der Geschmack der fertigen Kaffees.

Der „Röstrausch“ bietet etwa 15 bis 16 verschiedene Kaffeesorten an. Darunter sind sortenreine Kaffees, aber auch Mischungen – „für ein besonderes Geschmackserlebnis“, wie Georg Ruhm sagt. Diese „Blends“ genannten Mischungen entstehen nach langwierigen Versuchen, um das perfekte Mischverhältnis zu finden.

Ist der Kaffee fertig, wird auch ebenfalls per Hand verpackt, ganze Bohnen oder auch gemahlen. „Dreimal wöchentlich haben wir Packtag“, berichtet der Röster, dabei helfen etliche Mitarbeiter, die teils schon lange dabei sind. Der Kaffee wird zu 90 Prozent regional verkauft, in Bioläden, Regionalläden, Supermärkten. Die Verpackungen sind aluminiumfrei, für Gewerbekunden gibt es das Pfandeimer-Angebot, das spart Verpackungsmüll.

Den Kaffee von Röstrausch kann man inzwischen in ganz Nordhessen in zahlreichen Cafés und Restaurants genießen, etwa im Renthof in Kassel. Auch in Betrieben wird er gerne angeboten. Kaufen kann man ihn in zahlreichen Läden, in Gudensberg im Supermarkt und im Laden bei Saftmobil.

Tipp

Über der Altstadt von Gudensberg thront die Ruine der Obernburg, einst Sitz der hessischen Landgrafen. Ein Spaziergang bis zum Plateau des Schlossberges von der Untergasse über den Alten Markt und die Wenigenburg erfordert ein wenig Kondition, wird aber mit einer beeindruckenden Aussicht belohnt. Im Sommer hat das Gudensberger Terrano-Naturfreibad geöffnet, das eine ganz spezielle Wasserqualität bietet.

GUDENSBERG-OBERVORSCHÜTZ: GRIESELS MILCHHOF

Leckeres Bio-Eis und tolle Aussicht

Die vielen schwarz-weißen Kühe auf den Wiesen oberhalb des Dorfes signalisieren es schon von weitem: Sie und ihr wertvolles Produkt, die Milch, stehen bei der Familie Griesel im Mittelpunkt. Landwirt Jens Griesel und seine Frau bewirtschaften den Bauernhof der Familie in siebter Generation, mussten sich jedoch vor einigen Jahren ernsthaft fragen, wie es weitergehen soll. Konventionelle Landwirtschaft schien keine vielversprechende Zukunft zu bieten für sie und ihre Kinder.

Jens Griesel hatte dann eine Idee, die aus einem Besuch in den USA resultierte: Wenn es schwierig wird, die Milch der 120 Kühe gewinnbringend an Molkereien zu verkaufen, muss man sie halt selbst verwerten und veredeln. Gesagt, getan: Es entstand „Griesels Milchhof" auf dem Gelände des ausgesiedelten Hofes, mitten in den Wiesen oberhalb des Dorfes mit wunderschönem Ausblick in die Landschaft des Chattengaus.

Dort wird das inzwischen biozertifizierte Speiseeis in immer weiter vergrößerten hauseigenen Produktionsräumen hergestellt, und dorthin lockt seit 2019 auch das Hofcafé. Vor allem an den Wochenenden finden viele Besucher den Weg zu Griesels Milchhof – von Frühjahr bis Herbst. Je nach Wetterlage ist das Café bis in den November hinein geöffnet.

Direkt neben den Tischen und Stühlen und einem großen Spielplatz für Kinder verspeisen die Kühe der Griesels, „unsere wichtigsten Mitarbeiterinnen", wie sie betonen, im offenen Stall ihr Futter. Dort werden sie auch gemolken und geben die Milch, aus der nebenan das leckere Eis hergestellt wird. Inzwischen beschäftigen Griesels um die 25 Mitarbeiterinnen in der Eis-Herstellung und im Service des Cafés.

Das Bauernhof-Eis kann jedoch nicht nur im Hofcafé verzehrt werden. Die Produkte von Griesels Milchhof sind seit geraumer Zeit in vielen Supermärkten erhältlich, der Eiswagen ist bei zahlreichen Festen und Märkten zu finden, war auch bei der Documenta in Kassel präsent. Und wer privat eine Feier plant und etwas Besonderes bieten möchte, kann sich eine der Eistruhen samt Inhalt bestellen. Auch tolle Eistorten werden auf Wunsch gefertigt.

Hat sich die Entscheidung für den Einstieg in die eigene Vermarktung gelohnt? „Ja", sagen beide übereinstimmend. Sie sind mit ihren Ideen auch noch nicht am Ende – schließlich haben sie vier Kinder, die dann in der achten Generation den Griesel'schen Hof führen könnten.

Tipp

Wer nicht nur ein leckeres Eis bei Griesels genießen will, der kann sich in direkter Nachbarschaft auch sportlich betätigen. Der Golfpark Gudensberg bietet in nur wenigen hundert Metern Entfernung zum einen „Golf für alle" an, hat aber auch einen XXL-Minigolfplatz und eine großzügige Fußballgolf-Anlage. In der früheren Ziegelei kann man auch einkehren, dort wird im Winter trainiert und es finden Events aller Art statt.

GUDENSBERG: DIE NUDELWELT

Nudeln mit viel Drumherum

„Zu langweilig", so lautete vor bereits 15 Jahren das Urteil von Jens Albrecht über die klassische Nudel, die man in den Läden und Märkten kaufen konnte. Es war die Geburtsstunde der „Nudelwelt", in der die „kunst"-handwerkliche Herstellung von Nudelspezialitäten immer weiterentwickelt wurde. Heutzutage werden für die vielen Nudelsorten, die es inzwischen in den Geschäftsräumen in der Kasseler Straße in Gudensberg und im Online-Shop gibt, regionale Grundzutaten wie etwa Hartweizengrieß mit für Nudeln eher ungewöhnlichen Zutaten und Gewürzen vermischt.

Die Nudeln werden in einer kleinen Nudel-Factory mit manuellen Nudelmaschinen langsam ausgepresst – das ist wichtig für die gute Vermischung der einzelnen Komponenten – und danach schonend getrocknet. Das Ergebnis sind frische Nudeln mit intensivem Geschmack und attraktivem Aussehen, passend zu vielen Gerichten oder auch als eigenständiges Nudelgericht und sogar als ausgefallenes Dessert.

Geplant war eigentlich nur die Herstellung für den Eigenbedarf. „Aber viele Koch-Kollegen und auch Freunde fragten immer wieder nach, wo sie denn diese tollen Nudeln kaufen könnten", erzählt Jens Albrecht. Schritt für Schritt wurde aus einer Idee eine Nudel-Marke, die sich durch Extravaganz, hohe Qualität der ausgewählten Rohstoffe und Kundenakzeptanz auszeichnet.

Alle Nudelsorten werden in der kleinen Nudelmanufaktur in 200-g-Packungen abgefüllt, andere Packungsgrößen sind

DIE NUDELWELT

Kasseler Straße 74
34281 Gudensberg
www.nudelwelt.com

auf Anfrage möglich. Zu den außergewöhnlichen Nudelsorten gehören zum Beispiel Petersilie-Nudeln, Walnuss-Nudeln, Steinpilz-und-Rotwein-Nudeln oder Kurkuma-Zitrone-Nudeln. Es gibt herzhafte Nudeln, fruchtige Nudeln oder süße Nudeln, Senf-Nudeln, kernige Nudeln und Two-Color-Nudeln.

Und das Beste: Die außergewöhnlichen Nudelsorten sind nicht nur ein Augenschmaus, sondern auch einfach zuzubereiten. Ob als schnelles Mittagessen oder als Highlight auf der nächsten Dinnerparty – Jens Albrecht ist überzeugt: „Mit unseren Nudeln zaubert jeder im Handumdrehen ein besonderes Gericht auf den Tisch."

Erhältlich ist in der Nudelwelt zusätzlich eine Vielzahl von Zubehör für ein leckeres Gericht: Öle, Gewürze, Soßen, Getränke, Weine und vieles mehr. Schon passend zusammengestellte Boxen mit den Zutaten für ein leckeres Essen sind ein beliebtes Geschenk, etwa für One-Pot Kurkuma-Zitronen-Nudeln. Die Box enthält zwei Tüten Kurkuma-Zitronen-Nudeln (2 x 200g), ein Glas Apfelgelee aus der Region und eine Flasche natives Olivenöl aus Griechenland. Und in den speziellen Videoboxen sind nicht nur die Zutaten verpackt, sondern über einen Link kann man sich in einem Video ansehen, wie das Nudelgericht zubereitet wird und zu welchem Anlass es besonders gut passt.

Tipp

Die Nudelwelt bietet übers Jahr viele Veranstaltungen in ihren Räumen an, bei denen man die Produkte kennenlernen kann. Vieles kann probiert werden, zum Beispiel Pestos, Dips, Soßen, Chutneys, Fruchtaufstriche, auch Wein, Bier, Saft, Gin, Liköre, Brände und einiges mehr. Es wird auch lecker gekocht. Mit dabei ist immer ein besonderer Gast aus Handwerk, Comedy, Kunst etc., der seine Produkte bzw. Arbeit vorstellt.

GUDENSBERG: SAFTMOBIL

Viel Geschmack, jedes Mal anders

Von Ende August bis Ende Oktober geht es rund auf dem Gelände des Saftmobils im Gudensberger Schwimmbadweg: Dann werden die Äpfel, Birnen, Trauben, Quitten angeliefert, die entweder direkt vor Ort oder in der Mosterei in Reinhardshagen gepresst werden. Was entsteht, ist leckerer Saft, den jedermann vor Ort in Beuteln oder Flaschen kaufen kann.

Das Obst stammt aus der Region, vor allem aus Gärten, von Streuobstwiesen, von Bäumen entlang der Feldwege und Straßen. Privatleute sammeln und ernten und beliefern die Sammelstelle. Dafür erhalten sie Saftscheine, mit denen sie den Saft übers Jahr günstiger einkaufen können – entsprechend der Menge an Obst, das sie geliefert haben.

„Wir vom Saftmobil bieten biologisch und fair produzierte Direktsäfte aus der Region sowie Getränkespezialitäten mit und ohne Alkohol. Wir produzieren Saft in der Region, für die Region“, heißt es bei der Firma, die als GbR organisiert ist. Gearbeitet und gelagert wird in einer Halle, die früher zur Lohnmosterei Wackerbarth gehörte, jedoch vor 15 Jahren den Betrieb eingestellt hat.

SAFTMOBIL

Schwimmbadweg 4
34281 Gudensberg
www.saftmobil.de

Eric Henze ist heute Geschäftsführer der Firma, bei der in sehr guten Jahren bis zu 420 Tonnen Obst angeliefert werden. Dabei spiele es keine Rolle, wie viel jemand bringen könne. Es lohne sich, jede Frucht aufzusammeln, auch wenn man nur fünf Kilo zusammenbekomme, sagt er. Das Ergebnis sei immer ein Naturprodukt von höchster Qualität, ohne jegliche Zusatzstoffe. „Wir bieten kein Einheitsprodukt, das jedes Mal gleich schmeckt: Jede Ernte fällt anders aus und so variiert auch der Geschmack“, betont Henze.

Die mobile Presse, die dem Laden den Namen gab und vor über 20 Jahren sogar bis nach Irland unterwegs war, um vor Ort das Obst zu pressen, ist jetzt im Ruhestand: „Wir finden kein Personal mehr für diese Presse“, sagt der Geschäftsführer. Mit der stationären Presse in Gudensberg werden Äpfel, Birnen und Trauben auf Wunsch zu Rohsaft verarbeitet, der dann zu Apfelwein vergoren werden kann. Außerdem kann man den Saft seiner eigenen Ernte gesondert pressen lassen.

„Was wir anbieten, ist ein Saft aus Früchten, die in der Regel aus Hausgärten und von Streuobstwiesen stammen und die deshalb ungespritzt sind", sagt Henze. Außerdem sei die Diversität viel größer. Es gebe zahlreiche alte Apfelsorten darunter, das mache den Saft auch geschmacklich besser. Die traditionellen Sorten seien wertvoller als die hochgezüchteten modernen: „Sie erhalten weniger Allergene", so seine Erfahrung. Es sei für die biologische Vielfalt wichtig, dass diese alten Sorten erhalten werden.

Zur Saftproduktion wurde ein stetig wachsender Getränkevertrieb mit einer gut funktionierenden Logistik aufgebaut. Neben dem Standardsortiment liegt der Schwerpunkt auf einer hochwertigen und „besonderen" Getränkeauswahl, die nicht überall in der Region erhältlich ist und die vor allem auf Nachhaltigkeit und solidarisches Handeln setzt. Über die Jahre wurde ein umfangreicher Privat- und Gastronomie-Kundenstamm vor Ort, aber schwerpunktmäßig in Kassel aufgebaut. Dazu kommen monatliche Touren nach Marburg und Göttingen.

Der Getränkemarkt hat außerhalb der Liefersaison freitags von 13 bis 18 Uhr und samstags von 9 bis 13 Uhr für jedermann geöffnet.

Tipp

Nicht weit vom Saftmobil entfernt in Gudensberg liegt der Eselhof der „Schlossberg-Langohren" von Simone Schmidt in der Metzer Straße. Aus einem Kindheitstraum wurde im Laufe der Zeit die liebevolle Haltung der Langohren. Aber nicht nur Esel leben dort, sondern auch Hühner, Gänse, Enten, Puten, Minischweine, Meerschweinchen und Kaninchen. Angeboten werden ganzjährig Eseltrekkingtouren, Geburtstagstouren, eine spezielle Eselzeit, Kindergeburtstagstouren, Ferienspaß, Kinderspielkreis und mehr. Mehr Infos bei Simone Schmidt, Tel. 0173/2629770.

GUDENSBERG: STEINMETZ-LANDBLUMEN

Bunte Sträuße, selbst gepflückt

Die gelben Schilder mit der roten Schrift springen einem seit einigen Jahren überall in Nordhessen ins Auge: „Blumen selbst schneiden" heißt es darauf, und drumherum blühen ab Mitte März die Tulpen, dann folgen in langen Reihen bis in den Herbst Narzissen, Gladiolen, Pfingstrosen, Lilien, Dahlien und Sonnenblumen. Inzwischen sind es 20 Felder zwischen Hofgeismar und Schwalmstadt, die Blumen im Selbstbedienungsmodus anbieten. Jedermann kann sich die Blumen abschneiden, die er gerne hätte. Der Preis pro Blume steht auf einer Tafel, das Geld muss in eine Kasse eingezahlt werden. Kleine Messer liegen bereit, so können die Kunden auch spontan anhalten und sich einen Strauß zusammenstellen, ohne die Pflanzen auszureißen.

Die Idee dazu hatte der studierte Landwirt Martin Steinmetz aus Gudensberg, der auf einer familieneigenen Parzelle beim Fritzlarer Stadtteil Werkel einen ersten Versuch startete. Er habe das Prinzip Selbstpflücken beim Studium in Bayern kennengelernt, erzählt er. Auf der Suche nach einer Möglichkeit, auch ohne eigenen Hof als Vollerwerbslandwirt selbständig zu arbeiten, experimentierte er herum – und landete mit den Blumenfeldern einen Erfolg.

Steinmetz besetzt diese Nische inzwischen in Vollzeit, denn die Pflege der vielen Felder erfordert neben viel Zeit auch einiges an Wissen. Wann müssen welche Zwiebeln gesetzt werden, damit es auch über längere Zeit die ganze Blumenpracht gibt, welche Sorten

STEINMETZ-LANDBLUMEN

Gerhart-Hauptmann-Straße 4
34281 Gudensberg
www.landblumen.de

sollten wohin und welche Blumen an neue Standorte – all das müsse man genau beachten. Und nur ein oder zwei Felder reichen nicht: „Will man davon leben, muss man expandieren." In ganz Nordhessen wachsen inzwischen vom Frühling bis in den Herbst die Schnittblumen auf den gepachteten Äckern.

Dass er mit seiner Idee erfolgreich ist, freut ihn sehr. Die Menschen nutzen die Möglichkeit, jederzeit frische Blumen vom Feld pflücken zu können. Und was ist mit der Ehrlichkeit? „Die meisten zahlen den Preis", sagt Steinmetz, auch wenn mancher beim Bezahlen eher ab- als aufrundet. Um mögliche Diebe abzuschrecken, hat er zudem massive Kassen aus Beton aufgestellt – die bricht so schnell keiner auf oder trägt sie weg. Wichtiger für den Erfolg sei jedoch: Die Qualität und das Angebot müssen stimmen.

Tipp

Auf der Internetseite www.landblumen.de kann man nachschauen, welche Blumen aktuell auf welchen Feldern blühen. Außerdem ist die Lage der Felder auf einer Karte verzeichnet, sodass sie leicht zu finden sind.

GEMÜNDEN-WOHRA: HOLZBÄCHERS HOFLADEN

Der Holzbachhof ist ein landwirtschaftlicher Vollerwerbsbetrieb. In einer großen, mit Stroh ausgestreuten Halle haben die Kühe die Möglichkeit, sich frei zu bewegen. Neben Milchproduktion und Getreideanbau kann der Besucher im Hofladen erlesene Produkte aus eigener Herstellung erwerben. „Wir gestalten Landwirtschaft transparent und geben dem Besucher die Möglichkeit, den Weg der Rohstoffe bis zum fertigen Produkt zu erleben“, betonen die Landwirte. Alle zwei Jahre gibt es außerdem ein großes Hoffest.

Produkte: Wurstwaren, selbst hergestellte Nudeln und Nudelsoßen, Eier aus Freilandhaltung, Fruchtaufstriche, Honig, Fruchtsäfte, Likör

Ellersgrund 2 | 35285 Gemünden (Wohra) | Tel. 06453/648777
www.holzbachhof.de

GREBENSTEIN-BURGUFFELN: HOFCAFÉ SCHAUB

Ein Ort der Geselligkeit und der Genüsse: Das will der Hof Schaub in Grebenstein-Burguffeln sein. Die Familie Schaub und ihre Helfer betreiben den Sommer über von Ende April bis Ende September ein Hofcafé, das samstags von 14 bis 18 und sonntags von 12 bis 18 Uhr geöffnet ist. Es gibt hausgemachte Köstlichkeiten, die alle frisch zubereitet werden – von leckeren Torten bis hin zu herzhaften Speisen wie Käsebrot, Strammer Max und Vesperplatte. Alle zwei Wochen freitags wird der Hof ab 18 Uhr zum Biergarten, bei dem es Deftiges und Gegrilltes zum Fassbier gibt. Das Bauernhaus, der versteckte Innenhof und der idyllische Garten geben Raum für viele verschiedene Gelegenheiten wie öffentliche und private Events mit Bewirtung. Auf dem Hof leben auch verschiedene Tiere: Sattelschweine, Alpakas, Hühner und Gänse. Während der Hoffeste können die Tiere gerne angeschaut, gestreichelt und gefüttert werden.

Bremer Straße 7 | 34393 Grebenstein-Burguffeln
www.hof-schaub.de

GUDENSBERG-DISSEN: HOF RINGLEB

Wie kann man aus frischem regionalen Gemüse und Obst haltbare Lebensmittel herstellen? Mit der Frage beschäftigten sich Alexandra und Stefan Ringleb. Gemeinsam gründeten sie im Gudensberger Stadtteil Dissen im Jahr 2021 ihre eigene Manufaktur mit dem Label „Hof Ringleb" auf dem Familienanwesen von Alexandra. „Unsere Manufaktur hat sich darauf spezialisiert, regionales Obst und Gemüse zu verarbeiten", sagt Alexandra. Das stärke zum einen die Region und zum anderen reduziere es Transportwege auf ein Minimum. Die Produkte werden mit klassischen Verfahren in Gläsern haltbar gemacht. Ringlebs bieten auch Veredlung für andere Landwirte an, verarbeiten überzähliges oder nicht so „schönes" Gemüse weiter. Die Gläser sind in Regional- und Hofläden und manchen Supermärkten erhältlich.

Die Produkte: eingelegtes Gemüse wie Weißkrautsalat, Rote Bete und Zucchini, Fruchtaufstriche, Apfel-, Apfel-Mango-, Birnen- und Quittengelee

Haldorfer Straße 1
34281 Gudensberg-Dissen
www.hof-ringleb.de

GUDENSBERG-GLEICHEN: HOFLADEN SAUR

Tradition, die schmeckt: Damit wirbt der Wurst- und Kartoffelhof Saur in Gudensberg-Gleichen. Im Zentrum stehen neben Kartoffeln und Zwiebeln aus eigenem Anbau die Wurstwaren, die seit Generationen mit großer Sorgfalt hergestellt werden.

Produkte: klassische nordhessische Ahle Wurst, Wurstgläser mit Schweinemett, Blut- und Leberwurst sowie Weckewerk, Sülze und Jagdwurst

Am Burgfeld 9 | 34281 Gudensberg-Gleichen | Tel. 05603/2904

GUDENSBERG-GLEICHEN: IMKEREI HOHMANN

In der kleinen, aber feinen Imkerei Hohmann werden der regionale Ederauen-Honig und viele weitere Honigprodukte hergestellt. Sitz der Imkerei ist in Gudensberg-Gleichen in Nordhessen, die Bienen arbeiten im gesamten Schwalm-Eder-Kreis. Die Produkte, auch Geschenkkörbe nach Wunsch, gibt es im Hofladen in Gleichen oder auch online.

Produkte: verschiedene Honigsorten, Honigmüsli, Honigdressing, Honigwein, weitere Spirituosen, auch Handcremes, Seifen, handgegossene Kerzen aus Bienenwachs

Raiffeisenstraße 8 | 34281 Gudensberg-Gleichen | Tel. 0152/56392573
www.hohmann-imkerei.de

GUXHAGEN-ALBSHAUSEN: DER HEIDEHOF

Fabian und Julia Umbach betreiben, mit Unterstützung ihrer Familien, seit 2012 den Heidehof in Guxhagen-Albshausen. Der Hof verfügt über etwa 20 Hektar Nutzfläche, überwiegend Ackerland und zum Teil Grünland. 90 Schweine und 500 Hühner leben dort. Das Futter für die Schweine und Hühner wird auf den Ackerflächen selbst angebaut und eigenhändig gemischt. Der Hofladen der Familie Umbach hat ein besonderes Selbstbedienungs-Konzept: Er ist durchgängig geöffnet. Wer etwas kaufen will, geht in den Laden, sucht sich aus, was er möchte und rechnet selbst aus, was es kostet. Diese Summe zahlt er dann in einen Tresor ein.

Produkte: aus eigener Produktion Eier, Suppenhühner und Hähnchen, Fleisch und Wurst vom Schwein; von anderen regionalen Produzenten verschiedene Käsesorten, Molkereiprodukte, Bio-Kartoffeln, Bio-Honig, Eis, Öle, Säfte und Aufstriche

Am Kehrenberg 1 | 34302 Guxhagen-Albshausen | Tel. 05665/1838075
www.heidehof-albshausen.de

HOFGEISMAR-SABABURG: DER BAUERNGARTEN

Tradition im Blut, Zukunft im Blick

Es ist ein freundlicher Hund, der die Besucher begrüßt, kein böser Wolf. Trotzdem sind die Grimm'schen Märchen nicht weit entfernt vom „Bauerngarten“, mitten im verwunschenen Reinhardswald, in direkter Nähe zur als Dornröschenschloss bekannten Sababurg und dem touristischen Hotspot Tierpark. Die Familien Morell und Stromberg produzieren in dieser märchenhaften Umgebung auf ihrem Bioland-Bauernhof gesunde Lebensmittel. Bereits in der achten Generation bewirtschaften sie ihr Land, betreiben Acker- und Gemüsebau, halten und verwerten Schweine und Rinder mit einer Mutterkuh-Herde, die ganzjährig auf der Weide steht. Außerdem begrüßen sie inzwischen auch Gäste in ihrer Ferienwohnung und im Gartencafé.

Landwirtschaft und Tourismus leben an diesem Ort in einer ganz besonderen Symbiose, denn der Parkplatz für den Tierpark Sababurg liegt nur einen Steinwurf entfernt von den Stallgebäuden und dem kleinen Hofladen, den Mareike Stromberg seit Oktober 2020 betreibt. „Schon 2016 haben wir uns gemeinsam dazu entschlossen, unseren Betrieb

DER BAUERNGARTEN

Sababurg 6
34369 Hofgeismar-Sababurg
www.facebook.com/people/der-bauerngarten

nach den Bioland-Richtlinien zu bewirtschaften“, erzählt die junge Frau, die gelernte Landwirtin und studierte Agrarwirtin ist und von ihrem Lebensgefährten und ihren Eltern unterstützt wird.

Als klar wurde, dass sie den Betrieb weiterführen will, entschied sich die Familie für den Bio-Landbau, für die Produktion von Lebensmitteln ohne den Einsatz von chemisch-synthetischen Pflanzenschutzmitteln. Auf den 170 Hektar bauen sie das Futter für die Tiere selbst an, außerdem Erbsen, Bohnen, Roggen, Weizen, Braugerste und Einkorn. „Die Vermarktung läuft über verschiedene Mühlen für Bio-Getreide“, berichtet die Landwirtin. Im früheren Kuhstall freuen sich heute Bunte Bentheimer Schweine über viel Platz, Strohunterlage und Auslauf im Freien.

Ein paar Meter von Stall und Wohnhaus entfernt liegen das Gartencafé und der Hofladen, direkt am Wohnhaus gibt es eine Selbstbedienungshütte. In dem Laden, den die Familie bewusst nicht biozertifiziert hat, werden zu festgelegten Öffnungszeiten ausschließlich Produkte aus der Region angeboten, denn ihnen ist es wichtig, möglichst alle regionalen Erzeuger zu unterstützen und nicht nur einen ausgewählten Kreis.

„Hinter der Ladentheke habe ich meine Küche eingerichtet“, sagt Mareike Stromberg. Dort entsteht ein Teil der Waren, die sie anbietet. Die Würste und Fleischwaren werden eigens für den Betrieb von einem regionalen Metzger hergestellt. „Aber wir kennen die Landwirte und Produzenten, das ist uns wichtig“, betont sie. Klar, dass man auch das eigene Bio-Gemüse sowie das Fleisch von eigenen Weiderindern und den Bentheimer Schweinen erhalten kann.

Wer Lust auf ein paar erholsame Tage hat, kann die Ferienwohnung mieten, die im Gebäude der früheren Schule des

Dörfchens Sababurg eingerichtet wurde. Der zur Wohnung gehörende Garten lädt zu einem gemütlichen Frühstück am Morgen oder einem Glas Wein in der Abendsonne ein. Im Café wird man an den Wochenenden während der warmen Jahreszeit gastlich bewirtet mit Kaffee und Kuchen, auch der Pizzaofen wird bei Bedarf angeworfen.

Tipp

Die Lage direkt unterhalb der Sababurg ist ein idealer Ausgangspunkt für Wanderungen und Unternehmungen im Naturpark Reinhardswald. Der Wildtierpark und die oft als Dornröschenschloss bezeichnete Sababurg sind innerhalb von wenigen Minuten fußläufig zu erreichen. Und auch der Urwald Sababurg mit seinen mächtigen Baumriesen ist nur 1,5 km entfernt. Kultur-Interessierte kommen in der nahe gelegenen Stadt Kassel auf ihre Kosten.

HOFGEISMAR-SCHÖNEBERG: SCHÖNEBERGER BAUERNHOFEIS

Auf dem Hof mit rustikaler Eisdiele können frische Milch gekauft, viele verschiedene Sorten Eis geschleckt sowie selbst produzierte Schorlen aus Rhabarber, Süßkirsche, Apfel, Johannisbeere und Holunderblüte, Kaffeevariationen probiert werden. Das Eis ist auf den Speisekarten der Gastronomen in der Region zu finden. Eigene Fruchtaufstriche und die Eis-Familienpackung mit 500 ml sowie Eier von eigenen Hühnern können vor Ort gekauft werden. Ahle Wurscht und Nudeln von regionalen Produzenten sind außerdem im Angebot. Die alte Scheune bietet Platz für Veranstaltungen mit 50 bis 70 Personen.

Produkte: Eis, Schorlen, Fruchtaufstriche, Eier

Bremer Straße 23 | 34369 Hofgeismar-Schöneberg
Tel. 05671/40754404 und 0170/9612

HOMBERG-MÜHLHAUSEN: BIOHOF GROSS

Das volle Bio-Sortiment

Die große Mohrrübe begrüßt die Besucher am Hofeingang. Sie macht auf einen Blick deutlich, was der Biohof Groß vor allem produziert: Gemüse, Gemüse, Gemüse – allerdings nicht nur. Ein Blick in den großzügigen Hofladen in der früheren Scheune bestätigt das. „Wir bieten im Lebensmittelbereich ein weitgehend komplettes Sortiment“, sagt Florian Werle, zuständig für Hofladen, Vermarktung und den pädagogischen Bereich. Auf 150 Quadratmetern Ladenfläche gibt es – alles in Bio-Qualität –, was ein durchschnittlicher Supermarkt auch anbietet. „Wer bei uns einkauft, muss nicht noch unbedingt woanders hin“, betont Dietmar Groß, Senior und Initiator des Bio-Betriebes seit 1989.

Wichtig sei halt die Kundenbindung. Deshalb arbeitet der Biohof Groß auch mit einem Mitgliederkonzept: erwachsene Mitglieder zahlen monatlich 19 Euro und erhalten dafür alle Lebensmittel 10 bis 25 Prozent günstiger. „Es lohnt sich schon bei einem monatlichen Einkauf für 90 Euro, bei uns Mitglied zu werden“, sagt Werle. Die Beiträge decken auch bei schwankenden Umsätzen die Fixkosten des Betriebes wie Versicherungen, Löhne und mehr.

BIOHOF GROSS

•

Dorfbrunnen 1
34576 Homberg (Efze)
www.biohofgross.de

In dem Laden, der an sechs Tagen der Woche geöffnet hat, können sich die Kunden entspannt umsehen. Es gibt Gemüse aus der eigenen Gärtnerei, Wurst und Fleisch vom eigenen Schwein, frische Backwaren, Milchprodukte, Getränke bis hin zu Drogerieartikeln und Kosmetika. Besonders stolz ist die Familie Groß auf ihre sehr umfangreiche Käsetheke.

Eine Mitarbeiterin, gelernte Konditorin, backt Kuchen, Torten und Gebäck, die im Hofcafé zu den Öffnungszeiten am Samstag- und Sonntagnachmittag entweder drinnen im Laden auf der Galerie (30 Plätze) oder im Außenbereich (bis zu 50 Sitzplätze) verzehrt werden können. Größere Gruppen sollten Plätze reservieren, besonders bei gutem Wetter. Torten und Kuchen können auf Wunsch auch bestellt und mitgenommen werden.

Inzwischen sind 17 Mitarbeiter in dem Betrieb beschäftigt, überwiegend in Teilzeit. Sie arbeiten im Hofladen und im Café, kümmern sich um die Landwirtschaft, bewirtschaften die großen Flächen der Gärtnerei, in der über 40 verschiedene Gemüsekulturen angebaut werden. Außerdem beliefert der Biohof die Kitas in Homberg mit Gemüse, es finden Hoffeste und andere Events statt. „Mal sehen, was man sonst noch machen kann“, meinen die Verantwortlichen und blicken zuversichtlich in die Zukunft. Von der Brasserie bis zur Übernachtung im Bauwagen sei vieles denkbar.

Tipp

Der Biohof in Mühlhausen gehört zu den bundesweiten Betrieben, die sich dem Projekt „Landvergnügen“ angeschlossen haben. Das bedeutet, sie heißen Wohnmobilisten auf ihrem Hof willkommen. Diese können dort auf einem Stellplatz kostenlos in ihrem Fahrzeug übernachten, wenn sie Mitglied im „Landvergnügen“ sind. Das Buch bzw. die App bieten inzwischen über 1400 Adressen von Höfen, Winzern etc. an, die Übernachtungsplätze zur Verfügung stellen.

HOMBERG-RÜCKERSFELD: TEPPICHE VON HABBISHAW

Maßgewebt und individuell gestaltet

Große Schaufenster im alten Fachwerk signalisieren von weitem: Hier passiert Ungewöhnliches. Denn ausgerechnet in dem 25-Seelen-Dörfchen Rückersfeld im Knüll werden hochwertige maßgefertigte und handgewebte Wollteppiche hergestellt, und zwar für nationale und internationale Kunden. Die Teppichmanufaktur beweist, dass gutes Handwerk auch dort erfolgreich betrieben werden kann, wo es eigentlich niemand erwartet. Die Familie Habbishaw betreibt die Weberei seit über 75 Jahren und verkauft ihre Teppiche schon lange durch Direktvermarktung, ohne Zwischenhändler und Großabnehmer, direkt an die Kunden.

Was früher viel über Kunsthandwerkermärkte lief, das übernimmt inzwischen das Internet. Da spielt es keine Rolle mehr, wo der Standort der Produktion eigentlich ist. „Das Internet hat unsere Firma gerettet", sagt Firmenchef Teja Habbishaw, dessen Vater die Teppichweberei in Rückersfeld etablierte. Denn dank des digitalen Zugriffs über die Homepage und des speziell entwickelten Teppich-Konfigurators kann jedermann bei der Manufaktur seinen individuellen Teppich gestalten, ganz nach seinen Wünschen, sowohl in Größe und Farbe, als auch im Muster. „Wir haben auf diese Weise Kunden von Flensburg bis Zürich", sagt Habbishaw.

TEPPICHE VON HABBISHAW

•

Bauernstraße 6
34576 Homberg-Rückersfeld
www.habbishaw.de

Auch wenn die moderne Technik Einzug gehalten hat, bleibt die Teppichmanufaktur ein Handwerksbetrieb, der nach wie vor in traditioneller Handarbeit Teppiche nach Maß anfertigt. „Jeder Teppich wird individuell in liebevoller Handarbeit von den Weberinnen auf Kundenwunsch gefertigt", betont Teja Habbishaw. Umwelt- und Naturschutz stehen bei der Auswahl der Rohstoffe und ihrer Verarbeitung an erster Stelle. Die hochwertige Schurwolle stammt von Schafen traditioneller Landschaftsrassen, die in Deutschland, Österreich, Schweiz, Skandinavien und Island zu Hause sind. Verwoben wird ausschließlich reine Schurwolle auf Leinenkette, aus 100 Prozent nachwachsenden Rohstoffen, und das mitten in Deutschland.

Beeindruckend sind die leuchtenden Farben der Musterteppiche, die im Showroom der Manufaktur ausgestellt sind. „Wir lassen die gewaschene Wollflocke in einem regionalen Familienbetrieb nach hohem deutschen Standard einfärben", betont der Chef. In Rückersfeld wird die Schurwolle dann zu Garn gesponnen, das Garn anschließend gewalkt. Durch das Waschen in kaltem, klarem Wasser werde es besonders strapazierfähig, schmutzabweisend und flusenfest. „Das verleiht dem Handwebteppich eine besondere Langlebigkeit."

Dass auf Chemikalien verzichtet wird, ist für die Manufaktur selbstverständlich. „Mottenschutz benötigen auch nur die großen Teppichhändler mit ihren riesigen

Lagern", sagt Habbishaw. Qualität und Nachhaltigkeit sowie Wohngesundheit sind der Maßstab für seine Produktion. „Unsere Teppiche sind zu 100 Prozent biologisch abbaubar", sagt er. „Wenn man einen unserer Teppiche in Stücke schneidet und sie verbuddelt, dann wird daraus wieder Humus", sagt er lächelnd. „Und das Gras, das darauf wächst, das fressen wieder die Schafe." Wer sich vor Ort umsehen und sich dort im Showroom die Teppichmuster anschauen möchte, kann das gerne tun. Er sollte sich vorher allerdings anmelden.

Tipp

Das Dörfchen Rückersfeld gehört politisch zur Kreisstadt Homberg/Efze, die nur wenige Kilometer entfernt liegt. Ihre sehenswerte Altstadt ist von Fachwerk geprägt und einen Besuch wert. Von der Ruine der Hohenburg aus, die über der Stadt thront, hat man einen einzigartigen Blick auf die nordhessische Landschaft. Im Knüllgebirge lässt es sich zudem wunderbar wandern, zum Beispiel auf einem Premiumwanderweg durch die Lochbachklamm. Nicht weit entfernt liegt die Ruine Wallenstein mit Naturschwimmbad, Restaurant und Campingplatz.

HOMBERG-RODEMANN: DER ZINNHOF

Biofleisch und Gartencafé

Wenn man genau hinhört, kann man im Homberger Ortsteil Rodemann manchmal sogar Wölfe heulen hören. Allerdings streifen die nicht wild durch das waldreiche Mittelgebirge, in dem das Dorf liegt, sondern leben eingezäunt in ihrem Gehege im nahen Wildpark Knüll. Das Dörfchen Rodemann mit seinen knapp 130 Einwohnern bietet eine weitere Besonderheit: den Zinnhof der Familie Heppe, einen Bio-Betrieb mit Gartencafé.

„Wir bewirtschaften einen Gemischtbetrieb aus Ackerbau und Tierhaltung mit Bioland-Anerkennung", erzählt David Heppe, der den Hof im Vollerwerb betreibt. Seit 1983 bereits ist auf dem Zinnhof biologische Landwirtschaft mit Direktvermarktung verbunden. Auf ihren Feldern erzeugen Heppes das Futter für ihre Rinder und Schafe sowie vielfältige Ackerkulturen, Brotgetreide ebenso wie zum Beispiel auch Öllein für die Chattengauer Ölmühle in Dorla.

Auf dem Hof leben neun Mutterkühe der Rasse Gelbvieh und deren Nachkommen. „Diese Fleischrinder gehören zu den bedrohten Rassen", sagt Heppe, dessen Vater bereits mit der Zucht begann. Die etwa 30 Tiere sind von Mai bis November auf der Weide. Auch im Winter erhalten sie ausschließlich betriebseigenes Futter. Ein Teil der Tiere, hauptsächlich Ochsen, wird als Fleisch

DER ZINNHOF

Rinnetalstraße 13
34576 Homberg-Rodemann
www.zinnhof.de

direkt vermarktet. Im Winterhalbjahr werden jährlich sechs bis sieben Ochsen in einer nahegelegenen Dorfmetzgerei geschlachtet, abgehangen und fachmännisch zerlegt. Das Fleisch wird dann zu festen Terminen frisch verkauft, auch über andere regionale und Bioland-Läden. Die übrige Zeit ist es tiefgefroren in dem kleinen Hofladen erhältlich. Der Laden ist geöffnet nach Vereinbarung: Tel. 05681/2964.

Die Schafherde von etwa 40 Muttertieren plus Nachzucht, insgesamt etwa 80 Tiere, besteht hauptsächlich aus Rhönschafen, einer robusten Rasse, die für ihre ausgezeichnete Fleischqualität bekannt ist. Die Schafe sind ganzjährig auf der Weide. Zu festen Terminen kann man in Rodemann frisches Lammfleisch erhalten, die restliche Zeit über tiefgefroren. Familie Heppe verkauft auch medizinisch gegerbte Schaffelle.

Zu einem Treffpunkt für das ganze Dorf und zum Ausflugsziel vieler Besucher und Touristen wird im Sommer das Gartencafé des Zinnhofs. Im idyllischen Ambiente gibt es selbstgebackenen Kuchen und Kaffee. Mutter Bärbel Heppe macht das schon seit 2006, früher sogar an mehreren Tagen, mit richtiger Speisekarte und warmen Speisen. Aus Personalmangel sind die Öffnungszeiten auf einen Tag in der Woche reduziert worden.

Das Gartencafé hat geöffnet von Mai bis September, jeweils sonntagnachmittags. An kühlen Tagen oder bei schlechtem Wetter kann man im Gastraum Platz nehmen, er bietet Sitzplätze für 30 Personen. Der Raum wird auf Wunsch auch vermietet für eine selbstorganisierte Feier mit eigener Verpflegung, ein Seminar oder Ähnliches.

Tipp

Der Zinnhof liegt in einem südlichen Ausläufer des Knüllgebirges, dem Rinnetal, direkt am Fuße des Wildparks Knüll. Der Wildpark ist ein beliebtes Ausflugsziel, besonders für Familien, und zeigt auf einer Fläche von 50 Hektar etwa 450 Tiere aus 40 Arten. Überregional bekannt wurde der Wildpark durch seine besondere Haltung verschiedener Hirscharten und von Wildschafen, die sich im Park frei bewegen können. Parkbesucher können zwischen diesen Tieren wandern und deren natürliche Lebensweise gut beobachten. Futter kann an der Kasse erworben werden. Eine weitere Attraktion ist die Gemeinschaftsanlage für Braunbären und europäische Wölfe.

JESBERG-HUNDSHAUSEN: TÖPFEREI BURBERG

Alltagskeramik und Kunstgefäße

Bis sie vor über 30 Jahren im kleinen Dörfchen Hundshausen, am Rande des Kellerwaldes, heimisch wurden und dort die Werkstatt einrichteten, waren der Töpfermeister Martin Burberg und seine Frau Claudia schon viel unterwegs gewesen, in Deutschland ebenso wie weltweit. Der schöne alte Fachwerkhof zwischen Marburg und Kassel hatte es ihnen schließlich angetan. Dort leben sie seit 1991 mit ihren drei Kindern. „Und an dem Hof renovieren wir seitdem immer wieder“, berichtet der Keramiker.

TÖPFEREI BURBERG

Am Graben 3
34632 Jesberg-Hundshausen
www.toepfereiburberg.de

In dem großen Gebäude stellen er und seine Frau – die auch die Töpferei gelernt hat, als Krankenschwester ausgebildet wurde und jetzt als Palliativpflegekraft arbeitet – hauptsächlich individuell gearbeitetes Gebrauchsgeschirr aus Feinsteinzeug her, also Tassen, Becher, Teller, Schüsseln und mehr. „Wichtig sind uns dabei Qualität und Langlebigkeit", betont Martin Burberg. Alle Stücke werden auf der Töpferscheibe frei gedreht und von Hand fertiggestellt.

Wer individuelle Wünsche hat für ein Keramikgeschirr, kann das auch in der Töpferei anfertigen lassen. Im Ausstellungsraum der Töpferei stehen viele Stücke, die man sich anschauen und auch erwerben kann. Durch die hohe Brenntemperatur ist alles dicht gebrannt, damit spülmaschinen- und mikrowellengeeignet, backofen- und frostfest.

Burberg hat inzwischen viele Stammkunden. „Das sind Menschen, die Handarbeit zu schätzen wissen und auch den Preis dafür bezahlen." Außerdem gebe es auch immer wieder spezielle Aufträge, die eine industrielle Töpferei nicht realisieren wolle oder könne. Seine Produkte vertreibt er ausschließlich direkt, im Handel gibt es sie nicht zu kaufen. „Wir gehen auch auf Märkte in der Region, ebenso wie weiter entfernt am Main oder im Taunus", erzählt er. Zudem habe die Töpferei einen umfangreichen Internetauftritt und verschicke die Keramik.

Neben der Gebrauchskeramik beschäftigt sich Martin Burberg – sozusagen als Hobby – mit verschiedenen Niedrigbrandverfahren wie Raku (eine japanische Brenntechnik), Tonnenbrand und Pitfire. „Durch den gelenkten Zufall entstehen unwiederholbare Einzelstücke", erläutert er. Außerdem stellt er Repliken, also einem Original nachempfundene Gegenstände her. Sein Lieblingsstück war die Replik eines Trichterbechers aus der Jungsteinzeit für einen Sammler.

Die vorgeschichtliche Keramik gehört ohnehin zu Burbergs Vorlieben. „Ich versuche aus persönlichem Ehrgeiz, einige Sachen, die mir besonders gut gefallen, möglichst genau nachzutöpfern", sagt er. Dabei falle ihm immer wieder auf, wie harmonisch die Formen sind und wie gut durchdacht die Dekoration angebracht wurde. „Vor meinen KollegInnen aus der Jungsteinzeit kann ich wirklich nur den Hut ziehen", betont er. Zum Teil werden diese Repliken von Sammlern gekauft, aber auch von Museen als Anschauungsobjekte für Schulklassen oder die Museumspädagogik.

Tipp

Der Ausstellungsraum der Töpferei ist für Interessenten geöffnet, auf gut Glück oder nach Vereinbarung kann man dort vorbeischauen. Wer sehen will, wie die Keramiken entstehen, für den hat Martin Burberg ein paar Filme auf youtube gestellt, etwa „Töpfern eines Tellers", bei dem man alle Arbeitsschritte sieht. Die Werkstatt lässt Besichtigungen aus räumlichen Gründen leider nicht zu.

KASSEL: BRAUMANUFAKTUR STECKENPFERD

Brau-Handwerk trifft Kulturarbeit

Sie haben zwei Leidenschaften, die Gründer der Braumanufaktur Steckenpferd in Kassel: das Handwerk und die Kultur. Deshalb sind sie auch stolz auf das, was sie geschaffen haben, auf einen Ort, an dem das Bierbrauen, der Genuss und das kulturelle Leben harmonisch zusammenkommen.

Die Brauerei in der Kastenalsgasse, die sie inzwischen ohne Änderung des Gastrokonzepts verpachtet haben, war dabei der Dreh- und Angelpunkt des Unternehmens. Die Produktionsräume gehörten früher zu einer ehemaligen Metzgerei, doch die Fleischhaken, Cutter und Fallbeile sind Vergangenheit. Die 1,5 Hektoliter fassende Brauanlage haben sie mit in die Halle im Schwanenweg 19a genommen, wo nun gemaischt, geläutert und gekocht wird. „Am Ende jedes Braugangs steht ein neues und einzigartiges Bier, das im Schankraum frisch gezapft über die Theke geht", heißt es. Und das Geschäft läuft: Wegen gestiegener Nachfrage wird die ursprüngliche kleinere Anlage nur noch zur Entwicklung von neuen Rezepten genutzt. Die größeren Chargen werden in Kooperation mit regionalen Brauereien hergestellt.

Verkauft werden die handwerklich gebrauten Biere über die Internetseite und vor allem über zahlreiche Läden in Kassel und Umgebung. Vom schlanken Pils bis zum fruchtigen Pale Ale ist für jeden Geschmack etwas dabei. Im Onlineshop wird die Produktpalette stetig erweitert. „Wir sind Kassels erste Kreativbrauerei", betonen die Gründer Johannes Alt und Erik Schäfer. Ihr Fokus liegt auf der Produktion hochwertiger Biere, deren Namen von Einfallsreichtum zeugen. Sie heißen Kellerkind, FullePulle, Läuft No.1 und Krisen Konter Pils. Der Bierlikör Steckenpferd wird nur in kleinen Chargen produziert und per Hand abgefüllt. Zudem gibt es die Bierkutsche, einen Lieferdienst, der meistens donnerstags oder für größere Mengen auch nach Absprache liefert.

Da für sie Brauen und Kultur zusammengehören, entwickeln die beiden Männer außerdem Konzepte für Kulturevents und Festivals. „Wir wollen einzigartige

BRAUMANUFAKTUR STECKENPFERD

•

Kastenalsgasse 8
34117 Kassel
www.braumanufaktur-steckenpferd.de

Erlebnisse schaffen“, sagen sie. Ihre Vision ist es, Kultur und Genuss zu verknüpfen und die Gemeinschaft zu bereichern. Das Unternehmen sei stark verwurzelt vor Ort, sagen sie, und deshalb seien sie offen für eine Vielzahl von Projekten, generationsübergreifend, respektvoll und geprägt von Freude am Handwerk. Das Steckenpferd soll Platz bieten für Ausstellungen und Events sowie die Präsentation verschiedenster kultureller Standpunkte. Egal ob Ausstellung, Pop-Up-Event, Vortrag oder Festivals. Wer Ideen hat, ist willkommen.

„Wir glauben daran, dass gutes Bier und kulturelle Erlebnisse Menschen zusammenbringen können“, betonen Schäfer und Alt, die beide an der Kasseler Universität studieren, der eine Bildende Kunst und Visuelle Kommunikation, der andere Regenerative Energien und Energieeffizienz. Sie sehen ihre Braumanufaktur Steckenpferd als ein aufstrebendes Unternehmen in Kassels kulinarischer und kultureller Szene und wollen die Stadt mit ihrer Begeisterung für Bier und Kultur bereichern.

Tipp

Der zentrale Campus der 1971 gegründeten Kasseler Universität liegt nicht weit entfernt von der Braumanufaktur am Holländischen Platz, auf dem früheren Industriegelände der Firma Henschel. Der Campus, der einen Rundgang lohnt, wird derzeit umfassend in Richtung Norden erweitert. Auch das Gründerzentrum Science Park ist dort angesiedelt.

KASSEL: STADTIMKEREI HERNANDEZ

Bestes Futter für gesunden Honig

Kassel, so belegt es eine Studie aus dem Jahr 2020, ist die zweitgrünste Großstadt in Deutschland. Pro Einwohner gibt es über 23,4 Quadratmeter Grünfläche bzw. Parkanlage mit Blumen, Bäumen, Büschen, die fast gänzlich ohne Pestizide wachsen – die reinsten Paradiese für Insekten wie die Honigbiene. Kein Wunder also, dass Victor Hernández mit seiner Stadtimkerei gute Erträge erzielt und zudem für die Qualität schon Staatspreise einheimste. „Stadthonig ist halt unbelasteter als Landhonig", sagt er.

2010 startete er in der Kasseler Nordstadt sein Herzensprojekt: Er, der gelernte Journalist, wollte schon lange etwas mit gesunden Lebensmitteln machen, mit seinen Händen produzieren. Die Idee der Stadtbienen hat er einer Kollegin zu verdanken, die sagte: „Das wäre doch was für dich!" Wie recht sie hatte, denn nach 13 Jahren ist aus den Anfängen mit einigen Bienenvölkern, die den großen Hauptfriedhof im industriellen Norden von Kassel als Nahrungsquelle nutzten, eine sehr rege

STADTIMKEREI HERNANDEZ

Kurt-Wolters-Straße 25
34125 Kassel
www.kassel-stadthonig.de

Manufaktur geworden mit etwa 100 Bienenvölkern, die im Jahr 75 bis 100 Kilo Honig pro Volk liefern.

„Sie machen die Arbeit, der Imker erntet eigentlich nur, was sie produzieren", sagt Hernández bescheiden. Allerdings ist die Ernte nur ein Teil seiner Arbeit, denn der Honig muss nach dem Schleudern abgefüllt, die Etiketten auf die Gläser geklebt werden. Außerdem entsteht aus dem Ausgangsprodukt viel mehr: etwa Likör, Bonbons, Honigsenf und Honigessig sowie Wein aus Honig, Kosmetik aus Bienenwachs, Seife und Salben und vieles mehr. Etwa drei Mal im Jahr wird geschleudert. „Ein paar Tonnen kommen immer zusammen", sagt der Stadtimker.

Neben der geringeren Schadstoffbelastung verweist Hernández auf die größere Vielfalt an verschiedenen Pflanzen im städtischen Umfeld, die die Bienen als Nektarquelle nutzen können. „Irgendwas blüht in der Stadt doch immer", so seine Erfahrung, auch noch im August und September. Danach muss gefüttert werden mit Futtersirup, doch die Bienen haben es bei ihm gut: Nur ein Drittel des Honigs nimmt er ihnen weg, zwei Drittel bleiben als Futter über Winter in den Waben. Das mache sie widerstandsfähiger gegen Schädlinge, ist er überzeugt.

STADTIMKEREI HERNANDEZ

All das und noch viel mehr Interessantes kann man bei Victor Hernández erfahren, sein Laden mit Manufaktur ist am Rande der Kasseler Nordstadt, am Wesertor, zu finden. Dort gibt es alle Produkte, viele nette Geschenke und jede Menge Anschauungsmaterial. Der Stadtimker hat nämlich eine zweite Passion: Er ist pädagogisch unterwegs, an Schulen und in Kitas, will die Erfahrung des Glücks, das er bei der Arbeit mit Bienen erlebt, weitergeben, teilen und damit vergrößern. Er hat dafür zum Beispiel ein eigenes kleines „Bienentheater“ konzipiert.

Die Standorte für die Bienenvölker der Stadtimkerei sind über ganz Kassel verteilt, vom Fuldatal über die Aue bis zur Dönche und Wilhelmshöhe. Und auf den Honiggläsern steht jedes Mal drauf, in welchem Stadtteil der Nektar gesammelt wurde. „Die Herkunft ist immer klar erkennbar“, sagt Victor Hernández. Dass seit einiger Zeit mehr und mehr Firmen in und um Kassel Patenschaften übernehmen für Bienenvölker und ihre Dachflächen dafür zur Verfügung stellen, ist eine weitere Erfolgsgeschichte.

Tipp

Wer mehr wissen will über Bienen und Honig, den nimmt Victor Hernández gerne zu einem „Rendezvous mit der Queen“ mit. Das ist eine Führung durch die Kasseler Stadtimkerei für Gruppen bis zu 15 Personen. Der Stadtimker stellt dabei die Arbeitsweise vor und erzählt spannende Geschichten aus dem Mikrokosmos der Bienen. Höhepunkt ist der Besuch eines Bienenvolkes, bei dem man vielleicht sogar eine Bienengeburt miterlebt oder die Bienenkönigin sieht. Außerdem können die süßen Leckereien verkostet werden. Terminabsprache erforderlich.

KASSEL: DIE SUPPENPLANTAGE

Frisch in den Suppentopf

Wenn's darum geht, regional produzierte Lebensmittel saisonal zu ebenso schmackhaften wie gesunden Mahlzeiten zu verarbeiten, ohne dass etwas verschwendet wird, dann ist die „Suppenplantage" am Wehlheider Platz in Kassel ganz vorn dabei. Deshalb ist es kein Wunder, dass schon kurz vor 11 Uhr die ersten hungrigen Kunden vor der Tür stehen und warten. Von 11 bis 15 Uhr bietet die Suppenküche von Montag bis Donnerstag ihre leckeren Kreationen an. „Wir stellen unseren Speiseplan nach dem zusammen, was uns unsere Lieferanten bieten können", erzählt Manuela Arndt. Im Frühjahr und Sommer sind das gänzlich andere Sorten als im Herbst und Winter. Da kann es auch mal eine Rotkohlsuppe geben oder eine Homberger Kürbissuppe mit Ingwer. „Warum unsere Lebensmittel vom anderen Ende der Welt beziehen? Unsere Bauern vor Ort haben doch alles, was unser Herz und unsere Seele begehren", ist die

DIE SUPPENPLANTAGE

Wehlheider Platz 3
34121 Kassel
www.suppenplantage-kassel.de

Chefin überzeugt. Darauf stütze sich das Konzept der „Suppenplantage“. Das Angebot der nordhessischen Anbauer bestimme auch das Angebot für die Kundschaft.

Über Umwege gelangte die Idee für die Suppenküche nach Kassel: Manuela Arndt, gebürtig aus Nordhessen, lebte ein paar Jahre im oberfränkischen Bamberg und sah dort eine solche Suppenküche. „Das wäre was für mich“, dachte sie, die aus dem Hotelfach kommt und den Umweltgedanken mit einer wirtschaftlichen Existenz verbinden wollte. Nach fünf Jahren in Bayern ging sie in Nordhessen auf die Suche nach einer passenden Lokalität und fand recht schnell den Laden am Wehlheider Platz. „Hier ist es optimal von der Lage her, der Verpächter wollte etwas aus dem Bereich vegetarisch/vegan – und so wurden wir uns schnell einig.“

Das Angebot mit leckeren Suppen aus regionalem Gemüse, ohne weitere Zusätze und garantiert glutenfrei, kam schnell sehr gut an. Die tolle Lage direkt am Platz und der Wilhelmshöher Allee, die attraktive Außengastronomie, das bezahlbare Angebot für eine sättigende Mahlzeit, all das ließ die Suppenplantage schnell erfolgreich werden. Inzwischen beschäftigt Manuela Arndt eine feste Mitarbeiterin und mehrere Hilfskräfte.

Die Suppen werden in gewaltigen Töpfen in der kleinen Küche gekocht und kommen einen Tag später auf die Speisekarte. Es gibt auch Salate, Kuchen, Nachtische und Getränke. Dabei wird ebenfalls darauf geachtet, dass alles regional ist: Kaffee und Saft zum Beispiel aus Gudensberg, Linsen aus Witzenhausen, Fleisch vom Biohof aus Lohfelden.

Neben dem täglichen Angebot kann man auch Suppen und Salate für Veranstaltungen bestellen, ob privat oder geschäftlich. Wer sein Essen abholt, bekommt die Suppe zum Mitnehmen im Glas; im gemütlich eingerichteten Restaurant selbst gilt „Nachschlag für die, die nicht satt werden" oder für Unersättliche eine Suppen-Flat. Außerdem können Suppen über den Suppenkurier geordert werden.

Tipp

Für eine Türkische Linsensuppe mit Petersilie und Zitrone benötigt man geviertelte Zwiebeln, die in Rapsöl leicht angebraten werden. Dazu kommen etwas Ingwer und Tomatenmark. Lauch, Möhren und Sellerie putzen, grob schnippeln und dazugeben. Kartoffeln waschen, schälen oder schrubben und anbraten, dazugeben, mit Wasser reichlich auffüllen und zum Kochen bringen. Ins kochende Wasser die Linsen geben, anfangs kein Salz, weil die Linsen dann nicht gar werden. Die Feuchtigkeit kontrollieren, weil Linsen leicht anbrennen. Wenn alles fertig gegart ist, Tomaten oder Tomatenmark hinzufügen und mit Salz, gemörsertem Pfeffer, Harissa, Curry, Kreuzkümmel und Zitronensaft würzen. Pürieren und abschmecken. Dazu gehackte Petersilie und ein Stück Zitrone reichen.

KASSEL: BIORESTAURANT UND MARKT WEISSENSTEIN

Zugleich Markt für biologisch erzeugte Lebensmittel und erstes Kasseler Bio-Restaurant mit Catering-Service: Das ist das Weissenstein im Königstor in Kassel. Im Oktober 2016 gegründet, bezieht es vorzugsweise alle Produkte aus der Region. „Wir glauben daran, dass die Region Nordhessen, der Wechsel der Jahreszeiten und das Potenzial lokaler Biobetriebe den Rahmen schaffen, traditionelle Küche neu definieren zu können", so die Betreiber. Alle Lieferanten sind biozertifiziert. Die Herausforderung der Küche liege im kreativen Umgang mit Zutaten, die saisonal und ökologisch angebaut werden, heißt es. Das Weissenstein bietet seine Speisen auch zum Mitnehmen an in Mehrweg- oder eigenen Behältern und versorgt mehrere Kasseler Kitas mit Mittagessen. Beliefert werden übers Catering auch Feste und Veranstaltungen mit Speisen nach Wunsch. Der Markt hat Dienstag bis Samstag 10 bis 15 Uhr geöffnet, das Restaurant bietet Mittagessen von 11.30 bis 14 Uhr, Frühstück am Samstag 10 bis 11 Uhr.

Königstor 46 | 34117 Kassel | Tel. 0561/84095519 | www.weissenstein-kassel.de

KASSEL: GÄRTNEREI FULDAAUE

Die Gärtnerei produziert in der Stadt Kassel saisonales, biologisches Gemüse. Es werden um die 70 verschiedene Gemüsearten angebaut. Ziel sind Qualität und Vielfalt, verbunden mit einer neuen Agrarkultur. Die Gärtnerei wirtschaftet nach dem Prinzip der Solidarischen Landwirtschaft.

Arndtstraße 14 | 34123 Kassel | www.gaertnerei-fuldaaue.de

KAUFUNGEN: HOFLADEN KOMMUNE NIEDERKAUFUNGEN

Seit 1986 gibt es in Niederkaufungen die Kommune, die inzwischen ein breites Betätigungsfeld hat – von ökologischer Landwirtschaft über soziale Dienste bis hin zu politischer Arbeit. Die landwirtschaftlichen Bereiche der Kommune haben sich 2022 zum Verein „Alles im grünen Bereich" zusammengeschlossen, der Bioland-zertifiziert ist. Der Hofladen bietet eine große Auswahl an regionalem und saisonalem Gemüse, außerdem Brot, Eier, Obst, selbstgemachte Marmeladen, Aufstriche und eigenes Saatgut. Auch Käse, Joghurt und Wurstwaren vom Kommune-eigenen Hof Birkengrund bekommen die Kunden dort. Im Herbst gibt es eine große Menge verschiedener alter Obstsorten von den Kaufunger Streuobstwiesen der Obstmanufaktur. Auch Rind- und Schweinefleisch kann man im Hofladen bestellen, der Freitag 15 bis 18 Uhr und Samstag 10 bis 13 Uhr geöffnet hat. Bestellen kann man unter Tel. 05605/800737.

Kirchweg 1 | 34260 Kaufungen

KORBACH-EPPE: BIOHOF STORKE

Die Familie Jaeger betreibt in Eppe, einem Ortsteil von Korbach in Waldeck-Frankenberg, einen landwirtschaftlichen Betrieb im Nebenerwerb. Nach der Umstellung auf bio vor mehr als 20 Jahren ist es ein reiner Grünlandbetrieb mit Ammenkuhhaltung der Rasse Charolais. Die Kälber bleiben mehr als ein halbes Jahr bei ihren Müttern. Sie dürfen auf die Weide und verbringen den Winter in einem offenen Laufstall auf Stroh. Ein kleiner Hofladen mit Café gehört zum Betrieb. Dort gibt es haltbare Lebensmittel des täglichen Grundbedarfs, vieles unverpackt. Man kann hier auch entspannt eine Tasse Kaffee trinken und ein Stück Torte essen.

Produkte: regional erzeugte Lebensmittel,
Eier von eigenen Hühnern, Rindfleisch vom Charolais, Brennholz, Apfelsaft, Milchprodukte der Upländer Bauernmolkerei

Ringstraße 47 | 34497 Korbach | Tel. 05636/9932786 | www.storkes-biohof.de

LICHTENFELS-DALWIGKSTHAL: ALTE MÜHLE

Kultur und Torten à la carte

Wo noch vor gut zehn Jahren Getreide von umliegenden Bauernhöfen gemahlen und das Mehl dann in der Bäckerei zu Brot verarbeitet wurde, können sich Gäste heute an den Sonntagnachmittagen im Ambiente einer alten Getreidemühle leckeren Kuchen schmecken lassen.

Die Alte Mühle Dalwigksthal im gleichnamigen Ort musste zwar 2013 schließen, doch die Eigentümer hatten den Ehrgeiz, die historischen Gebäude zu erhalten, und die Ideen, wie sie weiter zu nutzen sind. 2019 begann der umfangreiche Umbau.

Laut alten Urkunden gab es seit alters her Getreidemühlen im Tal der Orke. Die Region im Westen Nordhessens wird auch „Waldeckische Schweiz" genannt, besticht durch idyllische Landschaften mit Wiesen und Berghängen am Rande des Sauerlandes. Die Dalwigksthaler Mühle befindet sich bereits seit 1886 im Besitz der Familie Küstner und wird nun in der fünften Generation fortgeführt, wenn auch anders als früher. Im Ortskern, direkt an der Orke, gibt es jetzt ein Mühlencafé mit Regionalladen. Außerdem finden dort regelmäßig Konzerte und andere kulturelle Veranstaltungen statt.

ALTE MÜHLE

Orketalstraße 5
35104 Lichtenfels-Dalwigksthal
www.alte-muehle-dalwigksthal.de

„Es liegt uns besonders am Herzen, regional einzukaufen, um Betriebe aus der Region zu unterstützen“, sagt Jan Küstner. Daher werden für den Regionalladen und die selbstgebackenen Torten des Cafés ausschließlich hochwertige Zutaten aus der Region eingekauft. Weil die Familienmitglieder alle noch anderen Berufen nachgehen, ist das Café nur sonntags von 14 bis 19 Uhr geöffnet. Tische sollten rechtzeitig vorbestellt werden. Im Internet kann man lesen, welche leckeren Tortenspezialitäten es am jeweils nächsten Sonntag geben wird.

Im Regionalwarenladen findet man zu den Öffnungszeiten des Cafés Produkte aus nachhaltiger Produktion, vieles auch bio-zertifiziert: Kerzen, Seifen, Öle, Salze, Kaffee, Schnäpse/Brände, Weine, Marmeladen. Auch Präsentkörbe und Gutscheine werden angeboten.

Die Mühle ist Ausgangspunkt für Wanderer und Radfahrer, die sich im schönen Orketal die Zeit vertreiben und anschließend zur Stärkung einkehren. Zwei historische Räume in altem Mühlenflair, zwischen Roggenwalzenstühlen und Riemenscheiben, laden in ein besonderes Ambiente ein. „70 Prozent unserer Gäste sind allerdings Stammkunden“, meint Jan Küstner, „die Leute kommen gerne zum Quatschen zusammen.“

ALTE MÜHLE

In den Sommermonaten finden in der Mühle oder dem Mühlengarten Livekonzerte und Mühlenfeste statt. Eine Wasserturbine aus dem Jahr 1945 liefert den benötigten Strom aus 100 % Wasserkraft. Regelmäßig veranstaltet Jan Küstner Benefizkonzerte in der Mühle zugunsten der Kinderkrebshilfe. Und wer privat feiern möchte, kann die Räume mieten.

Tipp

Oberhalb von Dalwigksthal liegt die Burg Lichtenfels, die erstmals im 12. Jahrhundert erwähnt wurde. Seitdem erlebte sie mehrfach Zerstörung und Wiederaufbau. Ende der 1980er-Jahre kaufte der Unternehmer Tan Siekmann, Gründer der 2001 in Konkurs gegangenen Firma Biodata, die bis dahin wieder baufällig gewordene Burg und restaurierte sie umfassend. Die Burg ist bis heute in Privatbesitz, kann also nicht besichtigt werden, bietet jedoch auch von außen einen imponierenden Anblick. Der Mühlencafé-Betreiber Jan Küstner veranstaltet viermal im Jahr in der Burg klassische Konzerte.

LICHTENFELS-NEUKIRCHEN: BIOLANDHOF SCHNELL

Peter und Tanja Schnell bewirtschaften einen Bio-Betrieb mit etwa 3000 Legehennen in Freilandhaltung. Der Hof wurde bereits 1982 von Hermann und Brigitte Schnell auf ökologischen Landbau umgestellt. Außerdem gibt es Ackerbau, Grünlandwirtschaft und Milchkuhhaltung. Auf den Ackerflächen werden Futtergetreide sowie Ackerfutter für die hofeigenen Tiere angebaut. Die Milch geht an die Upländer Bauernmolkerei, das Speisegetreide wird an Bio-Bäckereien geliefert. Ab-Hof-Verkauf nach Vereinbarung von Montag bis Freitag.

Produkte: Eier, Getreide, Milch, Rindfleisch (saisonal)

Scheidstraße 6A | 35104 Lichtenfels-Neukirchen | Tel. 06454/795984

LIEBENAU-ZWERGEN: HOFLADEN FÜLLING

Vielfalt mit Klasse statt Masse

Nachhaltige, qualitätsbewusste Landwirtschaft in großer Bandbreite mit direkter Vermarktung ihrer Produkte im Laden oder per Online-Shop: Das ist es, was die Familie Fülling in dem kleinen Liebenauer Ortsteil Zwergen betreibt. Alle, von den Senioren über die jetzigen Betreiber bis zu den „Farmerjungs“ als Hilfspersonal, machen mit, um ihrem seit 1850 bestehenden Hof eine erfolgreiche Zukunft zu ermöglichen.

„Wir müssen was anders machen“, das wurde der Familie klar, als die nächste Generation in den Betrieb einstieg. Dirk und Isabelle Fülling wollten die Landwirtschaft weiter betreiben – aber neue Wege einschlagen. „Die Zukunft verantwortungsvoll gestalten“, das hieß zum Beispiel, sich von der Milchwirtschaft zu verabschieden, das Tierwohl bei der Haltung in den Vordergrund zu stellen, selbst Futtermittel anzubauen, eine

HOFLADEN FÜLLING

Steinweg 19
34396 Liebenau
www.natuerlich-fuelling.de

gesunde Fruchtfolge im Ackerbau zu beachten und den Kunden die Lebensmittel direkt anzubieten, im Hofladen und im Versand.

„Klasse statt Masse“ lautet inzwischen das Credo der Füllings, die als letzter Vollerwerbsbetrieb im Dorf etwa 280 Hektar landwirtschaftlich bewirtschaften. Während die eine Hälfte als Grünland – größtenteils für die Charolais-Rinder – genutzt wird, besteht die andere aus Ackerland. Angebaut werden Gerste, Raps, Roggen, Weizen, Kleegras, Zwischenfrucht-Mischung, Mais und Zuckerrüben.

Schon ein Vierteljahrhundert ist es her, dass die ersten Erdbeerfelder, auch zum Selbstpflücken, angelegt wurden, dann kam noch Spargel dazu. In der Tierhaltung stellten die Füllings auf Mutterkuhhaltung um, die Rinder der Rasse Charolais liefern erstklassiges Fleisch. Im Stall leben die etwa 250 Schweine auf Stroh und werden größtenteils selbst verarbeitet und vermarktet. Außerdem leben Freiland-Hähnchen auf dem Hof.

Im Hofladen, der im früheren Stall eingerichtet wurde, kann man die große Vielfalt der eigenen Produkte des Betriebes kennenlernen und kaufen. Dort gibt es täglich Wurst und Fleisch von den Strohschweinen sowie von benachbarten Erzeugern regionalen Käse von Kuh, Schaf und Ziege, sogar Räucherfisch, dazu selbstgemachte (Frucht-)Aufstriche, Salate und Fertiggerichte vom Hof im Glas. Alle drei Wochen wird ein Rind geschlachtet, dann ist Charolais–Rindfleisch zu haben.

Im Laden gibt es alles, was man sonst für die Küche braucht: Kartoffeln, Eier, Backwaren, Nudeln, saisonales Obst und Gemüse, Öl, Seife, Honig, Fruchtaufstriche, Schokolade, Getränke und kreatives Handwerk aus der Region. Außerdem ist dort die örtliche Poststelle untergebracht.

Insgesamt beschäftigt die Familie im Laden sechs Mitarbeiterinnen, die auch für Feiern und Veranstaltungen Leckeres vorbereiten, etwa „Zwergener" Schnittchen, kalte Platten nordhessischer Art oder kleine Buffets vom Bauernhof. Donnerstags gibt es zum Mitnehmen warmen Leberkäse, freitags warmen Spießbraten.

Tipp

Speziell für Pferde- und Reitsportfans bietet das Dörfchen Zwergen eine Attraktion: den Reiterhof mit Campingpark. 150 Stellplätze gibt es auf dem terrassierten Gelände des Campingplatzes. Restaurant und Hofcafé „Zum alten Kuhstall" laden zu Speis und Trank ein. Dazu gibt es eine Indoor-Spielscheune und einen Spielplatz. Auf dem Reiterhof leben 126 Ponys und Pferde. Geöffnet ist die Anlage nur in den Schulferien von Hessen und den Nachbarländern im Sommer, Herbst, zu Ostern und Pfingsten. Mehr unter www.reiterparadies-campingplatz.de.

LIEBENAU-HAUEDA: ST. ALBERT´S DISTILLERY

Edler Gin in der früheren Kirche

Es war Zufall, dass Kai Seidenhefter vor einigen Jahren bei einer Radtour entlang der Diemel am Rande des beschaulichen Örtchens Haueda, ganz im Norden von Nordhessen, das verlassene Kirchlein entdeckte. Fast gänzlich zugewuchert und nicht mehr als Gotteshaus genutzt, wartete es auf einen Entdecker – nicht vergeblich. Denn Kai Seidenhefter aus dem Nachbarort hatte eine tolle Idee: Wie wäre es, wenn er den Gin, den er schon seit 2016 produzierte, in diesem Gebäude herstellen würde?

Als Mann der Tat fackelte er nicht lange, trat in Verhandlungen mit der katholischen Kirche. Man einigte sich: Aus der kleinen St.-Albert-Kirche, gebaut in den 1950er-Jahren, wurde die St. Albert's Distillery, deren Produkte inzwischen regional wie überregional einen ausgezeichneten Ruf genießen.

Das Gebäude, seit 2020 offiziell profanisiert, beherbergt heute Deutschlands einzige Destillerie in einer früheren Kirche. „Wir haben an dem Gebäude nur wenig verändert, von außen sieht es aus wie früher", sagt der Eigentümer. Die alten Buntglasfenster blieben, einige der Kirchenbänke ebenfalls. Im ehemaligen Gemeinderaum werden die Produkte gelagert, auch die frühere Sakristei wird genutzt. Und wo mal der Beichtstuhl stand, ist der kleine Laden zu finden.

ST. ALBERT´S DISTILLERY

•

Am Berge 1
34396 Liebenau
www.st-alberts.com

„Wir sind eine klassische Manufaktur, bei uns wird alles per Hand gemacht, auch Abfüllen und Etikettieren", sagt Kai Seidenhefter, dessen Tochter Eike Irene inzwischen Geschäftsführerin der Destillerie ist. Neben dem Gin werden auch andere Schnäpse hergestellt, man habe bis zu 24 Spirituosen im Angebot. Die Grundzutaten, von den Wacholderbeeren bis zu Kräutern und Obst, kommen weitgehend aus der Region.

Die Destillerie bietet drinnen und auch draußen Plätze für Gäste, hat von Ende April bis Ende Oktober geöffnet, und zwar freitags bis sonntags. Es gibt auch eine kleine Speisekarte. „Viele Besucher kommen auf dem Diemelradweg, der bei uns vorbeiführt, oder mit dem Kanu auf der Diemel – der Ausstieg ist direkt unterhalb", sagt Kai Seidenhefter.

Das ungewöhnliche Gebäude, in dem der Destillierapparat genau dort steht, wo früher der Altar war, wird häufig auch für private Feste gebucht. Außerdem veranstalten die Seidenhefters Konzerte, bieten Gin-Tastings an und kooperieren mit Übernachtungsbetrieben in der Nachbarschaft. Sie sind angekommen und wollen weitermachen – es spricht nichts dagegen.

Tipp

Direkt an der St. Albert's Distillery vorbei führt der Diemelradweg. Er gehört seit 2023 zu den zwei exzellentesten Qualitätsradwegen in Deutschland und erhält vom ADFC die bestmögliche Auszeichnung. Der Weg begleitet das Flüsschen auf rund 112 Kilometern durchs liebliche Diemeltal, von der Quelle in Willingen-Usseln bis zur Mündung in Bad Karlshafen. Er wechselt dabei entlang der Grenze zwischen Nordrhein-Westfalen und Hessen die Bundesländer.

NEUENTAL-GILSA: GIESHEUER LANDCAFÉ

Vielfalt zwischen Café, Kultur und Kühen

Wenn der Duft nach frischem Brot durch das Dörfchen Gilsa zieht, dann wissen die Nachbarn: Es muss Donnerstag oder Sonntag sein. Dann nämlich wird im Giesheuer Landcafé gebacken. Sonntags ist das Café ab 8 Uhr zum Frühstück und nachmittags zum Kaffeetrinken geöffnet, inklusive Brötchen, Torten und Kuchen. Das Café bietet 90 Sitzplätze innen, 50 außen, auch belegte Brote mit Wurst und Käse, Kaffee aus Gilserberg, leckere Bio-Getränke von Voelkel etc.

Franziska Dörr managt den Betrieb, den ihre Eltern 2003 bereits um das Landcafé und die Direktvermarktung erweitert hatten. Sie hat zusammen mit ihrem Partner Gregor Scholz, der ebenso wie sie gelernter Landwirt ist, den Betrieb übernommen und inzwischen auf Öko-Landbau umgestellt.

Neben den 50 Hektar Ackerland, das sie bebauen, gehören viele Tiere zum Hof, die auch besucht werden dürfen: 24 Kühe zum Beispiel, die zurzeit keine Milch produzieren, sondern als Mutterkühe ihre Kälber versorgen; außerdem 15 Rinder, fünf Sauen und 30 Mastschweine, 30 Hühner, 20 Schafe – und jedes Jahr auch an die 100 Gänse. Eine bunte Mischung, die einiges an Arbeit verlangt. Aber das Paar macht genau das, was es will: Landwirtschaft nach ökologischen Grundsätzen betreiben. Der landwirtschaftliche Betrieb ist Demeter- und Bioland- zertifiziert. „In den nächsten Jahren wollen wir eine vielfältige Landwirtschaft aufbauen", sagen sie.

Schon vor der Hofübernahme hatten sie im benachbarten Bundesland Nordrhein-Westfalen einen Hof gepachtet, den sie jedoch abgeben mussten. Nach langer Suche sind sie dann komplett nach Gilsa umgesiedelt. Vermarktet werden ihre Produkte immer noch mit eigenen Ständen auf zwei Wochenmärkten in NRW. Dort haben sie die Kunden für ihre Fleischprodukte. Was geschlachtet wird, wechselt jede Woche. Das Fleisch, die Wurst und weitere Produkte können in Gilsa bestellt werden, außerdem ist Bio-Käse im Angebot.

GIESHEUER LANDCAFÉ

Gilsatalstraße 27
34599 Neuental-Gilsa
www.landcafe-gilsa.de

Mehr als Landwirtschaft und Café: Dieses Ziel verlieren Franziska Dörr und ihr Partner nicht aus den Augen. In der früheren Gastwirtschaft des Dorfes, gleich gegenüber vom Hof, wollen sie zusammen mit anderen auch kulturelle Aktivitäten initiieren. Das Giesheuer Landcafé gehört zum Kulturnetzwerk der Landrosinen Schwalm-Eder. Geplant sind etwa Woll- und Filzworkshops, Veranstaltungen im Garten, einmal monatlich ein kulinarischer Abend zu unterschiedlichen Themen. Inzwischen wurde sogar ein neuer gemischter Chor gegründet, der dort proben kann. Spieleabende sind denkbar, Konzerte, Sommerkino, und, und, und ... Auch ein Ferienzimmer und eine Ferienwohnung, nach ökologischen Kriterien saniert, können gebucht werden.

Ein spezielles Ereignis sorgt jetzt schon im Dorf für viel Publikum: Die Gänse dürfen regelmäßig im benachbarten Flüsschen Gilsa baden gehen. Das macht allen Spaß, Mensch wie Tier.

Tipp

Nicht weit von Gilsa entfernt lockt im Sommer der Neuenhainer See zu einem erfrischenden Bad. Der 50000 m^2 große Naturbadesee mit seinem modernen Ferienpark ist ein optimales Plätzchen für Urlaub, Erholung, Freizeit und mehr. Jede Menge Spielgeräte für Kinder gibt es ebenso wie eine Gastronomie – ein idealer Ort zum Entspannen.

NIEDENSTEIN-METZE: HOFLADEN KAUFFELD

Stets das Tierwohl im Blick

Wer Fleisch und Wurst kauft und verzehrt, die von der Familie Kauffeld in ihrem Betrieb im Niedensteiner Stadtteil Metze produziert werden, der darf davon ausgehen, dass das Wohl der Tiere für die Landwirte bei ihrer Arbeit stets im Mittelpunkt steht. Das verspricht zumindest die Familie, die in vierter Generation den Bauernhof führt und ihr Fleisch und die Wurstwaren vor Ort produziert und direkt vermarktet – im Hofladen und auf verschiedenen Wochenmärkten in der Region. Mit dem Sohn, der eine Ausbildung zum Metzger absolviert hat, steht auch schon die nächste Generation in den Startlöchern.

Und wie sieht Tierwohl in der Realität aus? Die Zuchtsauen zum Beispiel leben in Gruppen mit ihren Ferkeln auf Stroh, die Mastschweine werden groß in Kleingruppen und nicht in einem riesigen Maststall. „Das ermöglicht es uns, völlig ohne jegliche Medikamente auszukommen, und das bereits seit über 25 Jahren", betonen Anja und Ulrich Kauffeld. Gezüchtet werden die alten Rassen, wie zum Beispiel Bentheimer und Schwäbisch Hällische, deren Fleischqualität überzeugt.

Die Puten, Gänse und Enten sowie Hähnchen werden auf großen Wiesen, im Offenstall, das ganze Jahr über draußen gehalten. Alles Geflügel wird mit dem selbst angebauten Getreide, völlig ohne Medikamente, gefüttert. Für das Rindfleisch sorgen nach Zebus nun die Angus-Rinder. Diese Rasse überzeugt nach Ansicht der Kauffelds durch

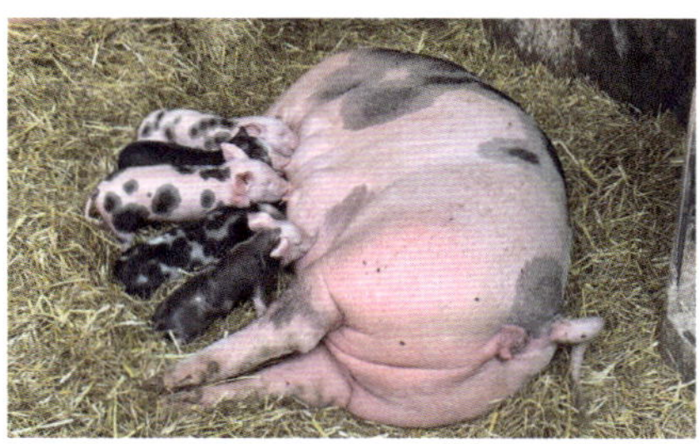

HOFLADEN KAUFFELD

Kirchberger Straße 2
34305 Niedenstein-Metze
www.kauffeld-wurstwaren.de

ihre Fleischqualität und ihre Sanftmut. Die Rinder leben im Sommer draußen in Freilandhaltung. Den Ackerbau haben Kauffelds abgegeben: „Das wurde einfach zu viel Arbeit", sagt Anja Kauffeld. Ihr Land wird nunmehr von einem Pächter bestellt.

Zusätzlich zu der Verarbeitung und Direktvermarktung betreibt die Familie einen Eventraum auf dem Hof. Dort finden in regelmäßigen Abständen besondere kulinarische Veranstaltungen statt, zum Beispiel Schlachtefeste oder Schnitzelabende. Für private Feiern mit Bewirtung, wie sie vor ein paar Jahren gang und gäbe waren, fehlen den Kauffelds die Zeit und das Personal: „Das ist durch die Coronakrise abhandengekommen."

Die Produkte, die im Hofladen und bei den Ständen auf den Wochenmärkten angeboten werden, reichen vom Frischfleisch von Geflügel, Schwein und Rind bis zu den hausgemachten Wurstsorten wie Jagdwurst, Schinkenwurst, Sülze, Mettwurst, Kochwurst, Schinken. Prunkstück sind die Ahlen Würste, für die Ulrich Kauffeld schon etliche Preise eingeheimst hat.

Verkaufswagen des Hofs Kauffeld stehen auf den Wochenmärkten in Baunatal (Mittwoch und Samstag), in Körle, Melsungen, Lohfelden, Wehlheiden, Harleshausen und Vellmar.

Tipp

Das Städtchen Niedenstein, zu dem Metze gehört, liegt im Naturpark Habichtswald mit schönen Wanderwegen und Ausblicken. Einen Besuch wert ist allemal der Niedensteiner Kopf, auf dem in 475 Metern Höhe der Hessenturm steht, das Wahrzeichen der Stadt Niedenstein. Von dort aus blickt man weit über die Chattengauer Tallandschaft hinaus über die Basaltkuppen hinweg bis hin zum Nationalpark Kellerwald-Edersee. Die Wandergaststätte im Hessenturm ist im Sommer an Sonn- und Feiertagen bewirtschaftet.

NIEDENSTEIN-KIRCHBERG: HOFLADEN EIWELS

Er hat Gärtner gelernt, Landschaftsplanung studiert, war lange im Ausland tätig und an der Uni. Sein Fachgebiet ist die nachhaltige Regionalentwicklung. Als Stefan Itter 2002 den elterlichen Betrieb in Kirchberg übernahm, hatte er genaue Vorstellungen von der Art Landwirtschaft, die er betreiben wollte. Er stellte um auf ökologischen Landbau und bewirtschaftet heute etwa 50 Hektar Acker- und Grünland. Die Wiesen und Weiden bilden die Futtergrundlage für die Herde Galloway-Fleischrinder und die Bunten Bentheimer Schweine in Freilandhaltung. Außerdem hält er zwei Gruppen Legehennen mit etwa 160 Tieren. Wichtig ist Itter, dass Kinder einen unmittelbaren und authentischen Zugang zu den natürlichen Grundlagen von Lebensmitteln bekommen. Deshalb ist Eiwels Bio-Bauernhof auch ein Lernort für Kinder. Das Angebot umfasst eintägige Aufenthalte für Kinder im Alter von fünf bis 12 Jahren. Der Hofladen hat samstags von 10 bis 12 Uhr und nach telefonischer Vereinbarung unter Tel. 0163/6063896 geöffnet.

Produkte: Rindfleisch-Sortiment vom Galloway (vakuumiert und tiefgekühlt), Ahle Wurscht & Co., verschiedene Getreide und Getreidemehle, Eier, Weiderind-Salami, Leindotteröl

Emstalstraße 8
34305 Niedenstein-Kirchberg

NIEDENSTEIN-WICHDORF: DIE LANDGARNELE

Als landwirtschaftlicher Betrieb etwas Neues wagen: Das brachte Sven Damm aus Niedenstein-Wichdorf dazu, statt der für Nordhessen üblichen Tiere wie Schweine, Hühner und Rinder auf ein Krustentier zu setzen. Er produziert und verkauft von Wichdorf aus unter dem Label „Die Landgarnele“ hochwertige Meerwasser-Garnelen der Sorte White Tiger in seiner Aquakultur. Eine Biogasanlage zwischen Metze und Wichdorf sorgt für ausreichend warmes Wasser. In die Anlage ist auch ein Hofladen integriert, in dem man die frischen Garnelen nach Vorbestellung abholen kann. Über den Online-Shop ist die Bestellung ebenfalls möglich, auch von gefrosteten Garnelen.

Produkt: White Tiger-Garnelen, frisch und gefrostet

Am Eselspfad 3 | 34305 Niedenstein | www.die-landgarnele.de

NIEDENSTEIN-WICHDORF: ZUCHTBETRIEB ROTES HÖHENVIEH

„Ich mache das aus Überzeugung. Wenn ich rein wirtschaftlich denken würde, würde ich mit einer anderen Rasse arbeiten", sagt Peter Pilz. Er betreibt in Niedenstein-Wichdorf „einen Bauernhof ohne Bauernhof". Im Mittelpunkt seiner Arbeit als Landwirt steht die Herde aus Rotem Höhenvieh, einer vom Aussterben bedrohten Rinderrasse. Sie steht ganzjährig auf seinen Weiden und leistet so auch Natur- und Landschaftsschutz. Der Bio-Zuchtbetrieb bietet das Fleisch der Rinder in Direktvermarktung an im Lädchen in Wichdorf. Außerdem gibt es dort aus eigener Haltung Freilandhähnchen und eigenen Apfelsaft von der Streuobstwiese in Beuteln. Aus dem Streuobst wird zudem der Obstschnaps „Chattengold", gebrannt im Auftrag in einer Destille in Schlitz, angeboten.

Produkte: Bio-Rindfleisch vom Roten Höhenrind, Freilandhähnchen, Apfelsaft, Obstschnaps

Fritzlarer Straße 11 | 34305 Niedenstein
www.facebook.com/roteshohenvieh.niedenstein

RONSHAUSEN: MÜNSCHERS HOF

Inmitten des Dorfes Ronshausen, südlich von Bebra im Südosten Nordhessens, liegt „Münschers Hof", auf dem seit jeher in traditioneller und natürlicher Art und Weise Lebensmittel produziert werden. Seit 1992 gibt es eine eigene Metzgerei mit Catering-Service. Alle verwendeten Lebensmittel kommen nach Möglichkeit aus der Region. Die Wildspezialitäten stammen aus eigener Herstellung. Das Wild lebt in einer der größten zusammenhängenden Waldlandschaften Deutschlands. Aus dem ehemaligen Kuhstall entstand in der früheren Scheune ein großer, moderner Verkaufsraum, die Proviantscheune. Dort gibt es in erster Linie die eigenen Produkte.

Produkte: Wurst, Fleisch, Wild, selbstgemachte Fertiggerichte, Geschenke

Bahnhofstraße 15 | 36217 Ronshausen | Tel. 06622/3563
www.muenschers-hof.de

SCHAUENBURG-BREITENBACH: KELLEREI DÖHNE

Ein ganz spezieller Schaumwein

Es ist eine Manufaktur im eigentlichen Sinne, die Joachim Döhne seit 1996 in Breitenbach am Rande des Naturparks Habichtswald betreibt. Denn bis aus den Äpfeln der süffige Apfelschaumwein entsteht, sind viele Handgriffe erforderlich. Außerdem legt Döhne Wert darauf, dass die Äpfel alle aus eigenen Dauerkulturen rund um Schauenburg stammen – unbehandelt. „Unser Apfelschaumwein schöpft seine Exklusivität einerseits aus seiner Qualität und andererseits aus seiner Herkunft, unseren naturbelassenen Obstanlagen und Streuobstwiesen“,

KELLEREI DÖHNE

•

Kirchberger Straße 2
34305 Niedenstein-Metze
www.kauffeld-wurstwaren.de

sagt Döhne. Da auf die Behandlung der Pflanzen und Früchte verzichtet werde, verleihe die Natur den Früchten ihr Aroma selbst.

Aus vielen Tonnen Äpfeln stellt die Kellerei im Jahr einige tausend Flaschen Schaumwein her. 14 Arbeitsschritte, mühsame Handarbeit und viel Zeit sind nötig, bis die Flaschen in den Handel kommen. Doch Joachim Döhnes Philosophie erfordert diese Mühen: Die Verarbeitung von Früchten auf hohem Niveau benötige Leidenschaft, sagt er, denn man habe nur einmal im Jahr die Gelegenheit, der Frucht ihre Essenz zu entlocken und diese in die Flasche zu bringen.

Zunächst werden Äpfel verschiedener Sorten geerntet, gewaschen und gepresst, der Saft kommt zur Gärung in große Fässer und wird dort zu Apfelwein. Zuckersirup und Champagnerhefen werden zugefügt. Im nächsten Schritt wird der erst halbfertige Schaumwein in Flaschen gefüllt. Dann passiert etwas, das das Döhne'sche Produkt so besonders macht: Innerhalb von fünf Wochen gärt der Schaumwein zum zweiten Mal, aber jetzt in der Flasche. Täglich werden die Flaschen, die in besonderen Gestellen lagern, von Hand gedreht. „Das ist genau wie in der Champagne", sagt der Breitenbacher, deshalb heißt das Verfahren auch „Méthode champenoise". Die Hefe setzt sich auf diese Weise nach und nach direkt unter dem Kronkorken ab und wird letztlich „degorgiert". Das heißt, die Flasche wird geöffnet, die Hefe durch den Druck herausgepresst und die Flasche wieder verschlossen, dann mit einem richtigen Korken und dem vom Sekt bekannten Metallbügel. Früher habe er sein Produkt „Apfelchampagner" genannt, aber das dürfe er nicht mehr: Champagner gibt es nur aus der Region Champagne in Frankreich.

Döhnes Kellerei, die er mit nur einem festen Mitarbeiter und saisonalen Teilzeitkräften betreibt, stellt drei verschiedene Schaumweine aus unterschiedlichen Apfelsorten her, sogenannte Cuveés, und weitere aus speziellen Äpfeln wie Bio-Boskoop, Ananas-Renette oder Goldparmäne. Es gibt sie als trockene oder eher fruchtige Weine. Darüber hinaus produziert die Kellerei auch Edelobstbrände und Fruchtliköre wie zum Beispiel Schwarze Johannisbeere, Marille (natürlich aus eigenem Anbau) oder Holunderbeere. Die Brände und Liköre enthalten laut Döhne keinerlei Zusatzstoffe und ausschließlich obsteigenen Alkohol.

Auch bei der Gestaltung der Etiketten, die seine Flaschen zieren, bleibt Joachim Döhne der Region verbunden: Sie wurden von dem befreundeten Künstler Albert Schindehütte gestaltet. In Verbundenheit mit seinem Heimatort und der Schauenburger Märchenwache visualisieren die Etiketten märchenhafte Motive.

Tipp

Das Gebiet des Naturparks Habichtswald ist reich an Ruinen und alten Burgen. Die größte Burgruine Nordhessens ist die zwischen 1380 und 1430 neu gebaute Weidelsburg. Sie liegt auf einem steilen Basaltkegel. Von der Burg sind hohe Mauer-, Turm-, Torreste und Zwingeranlagen erhalten. Mit dem Info-Leitsystem kann der Besucher die Burganlage selbständig erkunden. Vorhanden ist auch eine Infohütte mit Kiosk und Wetterunterstand. Burgführungen sind auf Anfrage buchbar. Die Weidelsburg ist ganzjährig zugänglich.

SCHWALMSTADT-ALLENDORF: HOF ZIEGLER

•

Landleben im urigen Fassdorf

„Was die Menschen bei uns erleben, das ist authentisch“, sagt Regina Ziegler-Dörhöfer. Kein minutengenau getaktetes Programm wie im Freizeitpark, sondern Alltag auf einem Bauernhof mit Tieren, Arbeit, viel Natur. Wer das direkt vor Ort kennenlernen, nachhaltig und gesund produzierte Lebensmittel

HOF ZIEGLER

Königstraße 17/Am Tanzplatz 8
34613 Schwalmstadt/Allendorf
www.hof-ziegler.com

genießen und dabei auch noch ungewöhnliche Ferien in einem ganz speziellen Fassdorf erleben möchte, der ist in dem Schwalmstädter Ortsteil Allendorf genau richtig.

Dort, mitten in der Schwalm, einer alten nordhessischen Kulturlandschaft, ist ein originelles Urlaubsziel entstanden: das Fassdorf. Anstelle der üblichen Ferienhäuser hat die Landwirtsfamilie Ziegler auf ihrer Wiese sechs Fässer aufgestellt, bewohnbar für bis zu vier (je nach Alter der Kinder auch fünf) Personen, mit allem Komfort wie Badezimmer, Toilette, Heizung. Vor allem Kinder liebten die gemütliche Atmosphäre, sagt Regina Ziegler-Dörhöfer.

Entstanden ist die Idee für das ungewöhnliche Feriendorf 2019. Damals feierten Zieglers mit Freunden, Bekannten und Kunden in Allendorf ein Hoffest. Viele Gäste seien aus dem städtischen Raum Südhessens da gewesen, und immer wieder sei das Gespräch auf Übernachtungsmöglichkeiten direkt am Hof gekommen. Die Menschen wollen gerne unmittelbar erfahren, wie es auf dem Land ist und wo die Produkte herkommen, sagt Landwirt Thomas Ziegler: „Halt Landleben ganz nah erleben."

Sechs Fasshäuser stehen jetzt auf der Wiese. Das Übernachtungsangebot richtet sich nicht nur an Menschen aus städtischem Umfeld, sondern ist auch für den Kurzurlaub in der Region geeignet. Die Ferienanlage liegt direkt am Radweg R4. Für wahres Landleben-Feeling sorgen die Tiere des Bauernhofs, denn nicht weit von den Fasshäusern entfernt grasen Kühe, Gänse und Schafe. „Schön, wenn hier das Interesse für das Landleben wieder geweckt werden kann", meint die Familie.

Die Zieglers vertreten als Bauern eine Landwirtschaft mit Maß und Herz, zum Wohl von Mensch, Tier und Natur. Zum vielseitigen Familienbetrieb gehören rund 30 Milchkühe, überwiegend Fleckvieh,

deren Nachzucht über Familienfleischkisten direkt vermarktet wird. Das Futter der Tiere wird auf etwa 24 Hektar Grünland und auf rund 40 Hektar Ackerland gewonnen. Auch der Kartoffelanbau gehört zum Betriebsfeld. An den bunten Blühstreifen und Streuobstbäumen erfreuen sich die kleinsten Helfer der Landwirtschaft: Bienen und allerlei andere Insekten. Hasen, Hühner, Schafe, Gänse, Katzen und zwei Hunde komplettieren die Hoffamilie.

„Bauernhof als Klassenzimmer" ist ein weiteres Angebot der Familie Ziegler, das sich an Kinder- und Jugendgruppen, Schulklassen und auch interessierte Erwachsene wendet und mit Übernachtungen im Fassdorf kombiniert werden kann. Dabei gibt es Hofbesichtigungen und Führungen mit Mitmach-Aktionen für Groß und Klein. Für ihr Engagement wurde die Familie 2023 gleich mit zwei Preisen der GrimmHeimat Nordhessen ausgezeichnet: dem Publikumspreis und dem zweitem Platz beim Tourismuspreis.

Tipp

Wer Interesse am Brauchtum der Schwalm hat, sollte im nahen Museum der Schwalm in Ziegenhain einen Besuch einplanen. Die Schwalm gilt als Land des Rotkäppchens, weil die dortige Tracht eine rote Kappe beinhaltet, die von den Mädchen und Frauen teilweise noch heute getragen wird. Die Schwälmer Tracht gilt als eine der prachtvollsten Volkstrachten, die überliefert ist. In der Ausstellung des Museums wird gezeigt, wie sie durch die verschiedenen Lebenszeitalter und je nach Anlass getragen wurde. Das Museum verfügt zudem über ein beeindruckendes Kunstkabinett mit Gemälden und Grafiken von Malern, die sich in und um die Willingshäuser Malerkolonie aufgehalten haben.

SPANGENBERG-SCHNELLRODE: BAUERNHOF BUNTEKUH

Der Bauernhof der Familie Jung liegt im Dörfchen Schnellrode und ist ein Vollerwerbsbetrieb mit ca. 80 Milchkühen und Nachzucht. Er wird mit klarem Fokus auf Regionalität geführt. Neben den Kühen gehören noch zwei Hunde, vier Katzen und acht Rhönschafe zum Betrieb. Im Sommer haben alle Kühe auf den hofnahen Flächen Weidegang. Die Milch wird seit 2023 an die Hochwald-Molkerei in Hünfeld geliefert. Außerdem kann man sie an der hofeigenen Milchtankstelle erwerben. Für Ferien auf dem Bauernhof steht eine Ferienwohnung zur Verfügung.

Produkte: Milch im Milchautomaten, Ferienwohnung auf dem Bauernhof

Am Hilgen Hof 12
34286 Spangenberg-Schnellrode
Tel. 0151/11667185
www.bauernhof-buntekuh.de

TRENDELBURG-WÜLMERSEN: BIOLAND-DIEMELHOF

Auf dem Hof, der nach Bioland-Richtlinien arbeitet, werden verschiedene Gemüse wie Fenchel und Kürbisse angebaut. Die Erdbeerfelder sind zum Selberpflücken vorgesehen. Außerdem hält Jörg Katzauer Gänse und Enten sowie Hähnchen in Bioland-Qualität, die vorbestellt werden sollten. Der Hof beliefert zum Beispiel das Kasseler Bio-Restaurant Weissenstein. Jedes zweite Jahr wird es ein Maislabyrinth am Diemelhof geben. Öffnungszeiten nach Vereinbarung.

Produkte: Gemüse, Erdbeeren, Gänse, Enten, Hähnchen

Wülmersen 1
34388 Trendelburg-Wülmersen
Tel. 01577/3713 136
www.diemelhof-wuelmersen.de

TRENDELBURG-WÜLMERSEN: STRAUSSENFARM REINHARDSWALD

Seit September 2015 gibt es die Straußenfarm Reinhardswald der Familie Schrage in Wülmersen, direkt am Diemelradweg gelegen und nur 200 Meter Luftlinie vom sehenswerten Wasserschloss Wülmersen entfernt. Dort können Besucher Afrikanische Blauhalsstrauße in voller Pracht bewundern. Außerdem hält der Hofladen verschiedene Produkte rund um den Vogel Strauß bereit.

Nach Terminabsprache sind auch Führungen über die Straußenfarm möglich.

Der Laden der Straußenfarm ist geöffnet Dienstag bis Sonntag von 10 bis 12 und 12.30 bis 16 Uhr. Nach Absprache sind Abholungen auch außerhalb dieser Zeiten möglich.

Produkte: alles rund um den Vogel Strauß, aber kein Fleisch

Wülmersen 6 | 34388 Trendelburg-Wülmersen | Tel. 0170/298 9116

VÖHL-BASDORF: MAISLABYRINTH

Freizeitspaß, ökologisch abbaubar

Die Region rund um den Edersee ist schon eine echte Attraktion und zieht jedes Jahr viele tausend Gäste an. Wer jedoch ein ganz besonderes Erlebnis sucht, besonders für Familien mit Kindern, der ist im Vöhler Ortsteil Basdorf genau richtig. Denn dort ist jeden Sommer von Juli bis Oktober das Maislabyrinth geöffnet.

Auf 30000 Quadratmetern erstreckt sich das Outdoor-Vergnügen für die ganze Familie. Das Angebot passt auch für Klassenfahrten, Kindergeburtstage oder Betriebsausflüge, denn der Spaß ist garantiert. Die Anlage ist weitgehend barrierefrei und kann auch mit dem Kinderwagen oder Rollstuhl besucht werden. Selbst Hunde müssen nicht draußen bleiben und lediglich aus Rücksicht auf die anderen Gäste an der Leine bleiben.

Der Freizeitpark ist rund um einen Bauernhof entstanden, bietet ein natürlich gewachsenes und biologisch abbaubares Vergnügen und zugleich einen lehrreichen Treffpunkt zwischen Landwirtschaft und Verbraucher. Das war die Grundidee, aus der heraus das Maislabyrinth entstand. Inzwischen ist daraus eine feste Größe in der Waldeck-Frankenberger Tourismus-Landschaft geworden. Aber es sind nicht nur Touristen, die es an das Maislabyrinth zieht. Auch viele Einheimische nutzen das Erholungs- und Ausflugsziel.

MAISLABYRINTH

Brunnenstraße 10
34516 Vöhl-Basdorf
www.maislabyrinth-edersee.de

Angefangen hatte alles mit einer kleinen Holzhütte am Rande des Labyrinths, entstanden ist daraus mittlerweile ein richtiger Freizeitpark. Neben professioneller Gastronomie, in der vor allem heimische Produkte vermarktet werden, gibt es vor allem für Kinder viel zu entdecken. Ob im Maisschwimmbad oder -tretbecken, auf der Outdoor-Slalomstrecke mit den Go-Carts oder dem Trampeltreckerrundkurs, es kommt keiner zu kurz. Auch eine Heuhüpfburg und ein großer Natur-Spielplatz sind anzutreffen. Für den Lerneffekt sorgen die Lehrhecke, das Anschauungsfeld landwirtschaftlicher Nutzpflanzen sowie der Lehrpfad und nicht zuletzt das Maislabyrinth-Quiz, bei dem viele Preise winken.

Doch was machen die Erwachsenen, während der Nachwuchs herumtollt? Da gibt es zum einen den Bauernhofladen mit seinem großen Sortiment an regionalen Spezialitäten und Leckereien. Im Biergarten kann man es sich gut gehen lassen, selbst gebackene Torten sind der Renner.

Neuerdings besteht auch die Möglichkeit, auf dem Gelände zu zelten oder einige Tage im Wohnmobil dort zu verbringen.

Das Maislabyrinth hat von Juli bis Oktober geöffnet. Die genauen Termine werden auf der Website veröffentlicht. Jeden Donnerstag in der Saison gibt es ab 18 Uhr Flammkuchen – frisch aus dem Holzofen. Bei Regenwetter kann das Labyrinth geschlossen sein, deshalb vorher informieren.

Tipp

Den Edersee, einer der größten Stauseen in Deutschland, kann man vom Wasser aus erkunden. Wer kein Boot hat, nutzt die Schiffe der Personenschifffahrt Edersee, die von April bis Oktober fahrplanmäßigen Linien- und Rundfahrtverkehr auf dem Edersee anbietet. Auf beiden Schiffen gibt es Gastronomie mit Selbstbedienung. An allen Anlegestellen kann man stufenlos an und von Bord gehen und rollen – Barrierefreiheit ist gegeben. Fahrräder, Fahrradanhänger und Handwagen können mitgenommen werden.

VÖHL-BASDORF: FRÜCHTEGARTEN AM EDERSEE

Anfang der 1970er-Jahre begann die Familie Beranek, aus Erdbeeren den ersten Fruchtwein herzustellen. Schnell kamen mehr Sorten hinzu – die Fruchtweinkellerei war gegründet. Im Laufe der Jahre vergrößerte sich die Produktpalette auf Liköre, Säfte, Sirupe und Fruchtaufstriche. Seit dem Jahr 2022 bewirtschaftet der Betrieb als OHG die landwirtschaftlichen Flächen, verarbeitet die Früchte in der Fruchtweinkellerei und vermarktet von Vöhl-Basdorf aus überwiegend in die Region um den Edersee, Nordhessen und Südhessen. Die Glühweine gehen in das gesamte Bundesgebiet.

Auf etwa 12 Hektar wachsen Holunder, Erdbeeren, Quitten, Johannisbeeren und Rhabarber.

Über den Onlineshop kann innerhalb Deutschlands verschickt werden. Im Oktober 2019 eröffnete in der Dorfmitte von Basdorf der Hofladen.

Produkte: Fruchtweine, Liköre, Säfte, Sirupe und Fruchtaufstriche, Obst zum Selberpflücken

Vöhler Straße 3 | 34516 Vöhl-Basdorf | Tel. 05635/993201
www.fruechtegarten.de

WABERN-ZENNERN: GEMÜSEBAU TILL DÖRING

Projekt SoLaWi: Eine Kiste Gemüse in der Woche

Der Slogan ist kurz und einprägsam: „Wer bio will, geht zu Till." Mitten im Waberner Ortsteil Zennern, in der fruchtbaren Wabern'schen Tiefebene, hat Till Döring auf dem Hof seiner Eltern einen Betrieb aufgebaut, der konsequent nach den Richtlinien des Bioland-Verbandes hauptsächlich Gemüse produziert. Unterstützt von seinem Vater Götz, bewirtschaftet er das ganze Jahr über etwa 25 Hektar Land, das meiste Grünland. Auf 1,5 Hektar werden etwa 50 verschiedene Gemüsekulturen angebaut. „Wir können von Januar bis Dezember immer frisches Gemüse anbieten, weil wir so vielseitige Sorten anbauen", sagt er.

Schon Vater Götz hatte mit nachhaltiger Landwirtschaft begonnen, produzierte Erdbeeren und Spargel. Er war es auch, der die Arbeit mit Pferden startete. „Wo es Sinn macht, werden bis heute gezielt Arbeitspferde eingesetzt", erzählt der junge Mann, der die Landwirtschaft auf verschiedenen Bio-Betrieben von der Pike auf lernte und dann noch die Technikerschule absolvierte.

Als er mit dem Gemüseanbau begann, hatte er nicht mit einer so großen Nachfrage gerechnet. Gerade in den Zeiten von Corona sei das Interesse immer weitergewachsen. „Es läuft sehr gut", sagt er schmunzelnd. Nach den ersten Direktvermarktungs-Aktivitäten auf dem Fritzlarer Wochenmarkt eröffnete er schließlich in Zennern den Hofladen. Auf dem Hof leben, neben den Pferden, 300 Hühner einer Rasse, bei der auch die männlichen Küken überleben, weil sie

GEMÜSEBAU TILL DÖRING

Gippes 6
34590 Wabern-Zennern
www.till-doering.de

anderweitig vermarktet werden können, außerdem 15 Schafe, zwei Maultiere und zehn Bienenvölker. Die Hühner leben in zwei mobilen Ställen, die Schafe sind das ganze Jahr draußen auf verschiedenen Weiden, unter anderem im Naturschutzgebiet direkt an der Eder.

Im Hofladen gibt es saisonales Bio-Gemüse aus eigenem Anbau, etwa Kartoffeln, Möhren, Zwiebeln, Salate, Kohl, Rote Bete, Kräuter, Tomaten, Gurken, Zucchini, Kürbis, aber auch eher unbekannte Sorten wie Yacon, eine essbare Wurzelknolle aus der Familie der Topinambur, und Raritäten wie Stielmus, Superschmelz, Zappho, Zuckerhut und Palmkohl. Tiefgekühlt bietet er Lammfleisch sowie die Hähne und Hühner an.

Im Laden und im Automaten gibt es die Bio-Eier von den Hühnern aus Weidehaltung, Honig aus eigener Imkerei

und weitere Produkte von regionalen Biohöfen und Betrieben, etwa Öl, Mehl, Getreide, Käse und Wurst.

An ein Projekt hat Till Döring sein Herz gehängt: Die SoLaWi, für die das Gemüse auf einem Teil der Fläche angebaut wird. „SoLaWi" steht für Solidarische Landwirtschaft. Hierbei können Kunden noch enger mit dem Hof und den Produkten zusammenkommen. Die Kunden werden hierzu Teil einer Erntegemeinschaft, beteiligen sich an den Kosten, die bei der Produktion des Gemüses entstehen und erhalten dementsprechend ihren Anteil an der Ernte. Jede Woche wird für jedes Mitglied aus den Erträgen eine Kiste zusammengestellt mit dem, was geerntet wurde. Inzwischen hat Döring 63 SoLaWi-Mitglieder, die sich ihre Kisten in Zennern abholen. „Das Gute ist, dass alle Lebensmittel auf diese Weise verteilt werden, es gibt nichts, was man wegwerfen muss", sagt er.

Tipp

Auf dem Hof der Dörings gibt es nicht nur viel Gemüse, sondern auch ein ganz spezielles Angebot: Götz und Conny Döring sind seit fast 30 Jahren versierte Kutscher und veranstalten mit ihren Kaltblütern, Shirehorses und Friesen Kutschfahrten aller Art: in der festlichen Hochzeitskutsche, Picknickfahrten durch die Ederauen, Schlittenfahrten, Stadtführungen durch die historische Altstadt von Fritzlar, Kindergeburtstage oder einfach nur eine gemütliche Landpartie. Sie geben auch Lehrgänge zum Kutschenführerschein, verkaufen Kutschen und bieten in einem Schäferwagen romantische Übernachtungen für zwei an.

WALDECK: LADEN UND CAFÉ „LAND-IN-SICHT“

•

Genießt die Schätze der Region!

Hubertus Nottscheid ist ein Genussmensch. Er mag leckeres Essen aus guten Zutaten, regionale Spezialitäten und originelle Produkte von Direktvermarktern und Manufakturen. All das hat er rund um den Edersee, in der Region Waldeck in Nordhessen, gefunden. Und als gelernter Koch und Marketing-Mann mit langjähriger Erfahrung im Lebensmittelbereich entstand bei ihm zusammen mit seiner Frau nach und nach die Idee, sich für Regionales auch in Bio-Qualität zu engagieren.

In Waldeck, mitten im Herzen des kleinen Städtchens hoch über dem Edersee, realisierten die Nottscheids 2020 ihren Regionalladen und nannten ihn „Land-in-Sicht“, was vielfältig interpretierbar ist: Man kann nach Wanderungen in den gemütlichen Räumen ausspannen, bekommt immer etwas Gutes zu essen und trinken, darf aus einer Vielzahl von regionalen Produkten wählen, hat von dort eine gute Sicht auf das Schloss Waldeck und den See.

„Wildes aus Waldeck“ will quasi ein Schaufenster der Region sein. „Bei uns gibt es saisonale Spezialitäten und Vesperteller, um alles auch probieren zu können“, berichtet Nottscheid, während seine Frau Nicole in der „Genusswerkstatt“ den Eintopf vorbereitet, der immer

LADEN UND CAFÉ „LAND-IN-SICHT“

Marktplatz 6
34513 Waldeck
www.wildes-aus-waldeck.de

samstags angeboten wird, außerdem mal eine Nussecke zum Kaffee. Ein warmes Gericht offerieren die Nottscheids immer von Donnerstag bis Sonntag.

In den Kühlschränken lagert Fleisch von Landwirten und Jägern, auch in Bio-Qualität und immer aus der Region, dazu geräucherte Forellen und Bio-Käse, Fruchtaufstriche und Wurstspezialitäten, sogar fertige Mahlzeiten im Glas. Es gibt Bio-Weine und den Edersee-Gin in ganz ursprünglicher Form mit Orangen, den Nottscheid selbst entwickelt hat. Dieser und weitere Produkte wie Honig, Kräutersalze und Holunder-Likör tragen das Label der „Kellerwald-Edersee-Manufaktur“, die der umtriebige Mann ins Leben gerufen hat. Er stellt auch Präsentkörbe und nett verpackte Geschenkartikel zusammen, die manche Firmen zu schätzen wissen.

Das Prinzip des Labels: Kleine Manufakturbetriebe werden mit dem Qualitätssiegel und der Herkunftsbezeichnung der Kellerwald-Edersee-Manufaktur ausgezeichnet. Diese Produkte erhalten Logo und Qualitätssiegel auf dem Etikett. „Die Hersteller zeigen ihre Verankerung und emotionale Bindung mit der Region Kellerwald-Edersee, die Kunden und Konsumenten genießen die Spezialitäten und freuen sich darüber, heimische Produkte aus kleinen Manufakturen zu kaufen“, erläutert der Geschäftsmann. Handwerk und Qualität werden damit unterstützt. Er hofft, dass noch mehr Produzenten sich dem Label anschließen.

In den Räumen des Ladens können auch Veranstaltungen und Feiern stattfinden, Platz für bis zu 80 Personen ist vorhanden. „Die Atmosphäre ist eher leger und rustikal“, sagt Nottscheid. Er lädt auch ein zu kulinarischen Lesungen und Events in der Genusswerkstatt. Daran nehmen Touristen teil, aber auch vermehrt Einheimische, die das vielfältige Angebot zu schätzen wissen.

Die Entscheidung, sich als weitgereister Mann im kleinen Waldeck niederzulassen, hat er jedenfalls nicht bereut. „Wir haben unser Auskommen“, sagt er. Und außerdem noch viele Pläne.

Tipp

An Sehenswürdigkeiten mangelt es nicht rund um Waldeck und den Edersee. Da gibt es in kurzer Distanz das Schloss Waldeck, das neben einer tollen Sicht auf den See ein Museum und ein Hotel-Restaurant beherbergt. Auf der gegenüberliegenden Seite grenzt der See an den Nationalpark Kellerwald-Edersee, wo es einen Baumkronenpfad und den attraktiven Wildtierpark gibt. Die Staumauer des Edersees ist die drittgrößte in Deutschland.

WALDECK: WALDECKER EDELPILZE

Schon seit 2021 gibt es Edelpilze wie Shiitake oder Kräuterseitlinge aus regionaler Produktion: Ting-hui Ma ist Inhaber der Edelpilzzucht in Waldeck und hat jahrzehntelange Erfahrung im Lebensmittelbereich. Er züchtet im früheren Mauserwerk in Waldeck Edelpilze und ermöglicht es dem Kunden, direkt vor Ort frische Ware zu kaufen. Schon in der Traditionellen Chinesischen Medizin (TCM) wurde der Shiitake-Pilz als König der Heilpilze bezeichnet. Er wächst auf Stämmen in den Produktionsräumen in Waldeck, wo die Temperatur den Wachstumsphasen angepasst ist. Der Kräuterseitling wächst in Beuteln auf Substrat heran. Er ist bekannt als Vitalpilz, reich an Eiweiß und Mineralstoffen.

Produkte: Edelpilze wie Shiitake und Kräuterseitlinge

In der Bach 3b | 34513 Waldeck | Tel. 05623/973867 | www.waldeck-pilze.de

WALDKAPPEL: LOTTA LANDMILCH

Gute Ideen für frische Milch

Das Logo fällt auf: Ein freundliches schwarz-buntes Kuhgesicht, mal mit, mal ohne Hut, umgeben vom schwungvollen Namen Lotta. Seit 2016 prangt dieses Etikett auf Produkten der „Lotta Landmilch" von Hartmut und Nina Rautenkranz aus Waldkappel-Schemmern im Werra-Meißner-Kreis. Unverfälschte frische Landmilch, direkt vom Hof. Ohne Zwischenhandel, ohne Umwege und ohne überflüssige Transporte: Das wollten und wollen die beiden ihren Kunden bieten. Und deshalb entschieden sie sich 2016, die Milch ihrer 85 schwarzbunten Kühe nicht nur an die große Molkerei zu liefern, sondern einen Teil selbst zu vermarkten.

„Wir waren überzeugt, dass es wichtig ist, unabhängiger zu werden", gerade angesichts der damaligen Milchpreiskrise, erinnert sich Nina Rautenkranz. Sollte der Bauernhof, den ihr Mann in der siebten Generation als Vollerwerbslandwirt nachhaltig bewirtschaftet, weiterhin bestehen bleiben, waren gute Ideen gefragt.

Lotta Landmilch war geboren, mit natürlichem Fettgehalt und reich an Vitaminen und Mineralstoffen, es gab sie zunächst in zwei Milchautomaten mit Glasflaschen zum Abfüllen. Das Besondere: Die täglich frisch gemolkene Milch wird in der hofeigenen Molkerei schonend pasteurisiert. Bei dieser Methode werde die Milch für nur wenige Sekunden auf 72,5° C erhitzt und dann rasch abgekühlt. Das töte Keime ab und mache die Milch mindestens fünf Tage haltbar, ohne etwas an Geschmack, Nährwert oder der Konsistenz zu verändern.

LOTTA LANDMILCH

Memelweg 1
37284 Waldkappel-Schemmern
www.lotta-landmilch.de

Ab 2017 entwickelte die Familie Rautenkranz in einem zweiten Schritt die Milchbeutel: Die Milch wird als „Bag-in-Box“ verpackt, vielen bekannt von selbst gepresstem Apfelsaft. Zunächst war dies für Kantinen, Kindergärten und Eisdielen eine gute Möglichkeit, die Milch zu beziehen. „Mittlerweile schätzen aber auch viele Privatpersonen und Familien die Vorteile der Bags“, betonen die Direktvermarkter.

Neben der Lotta Landmilch gibt es seit Juni 2019 auch Lotta Landjoghurt in mehreren Geschmacksrichtungen: Natur, Erdbeere, Heidelbeere, Himbeere, Bircher-Müsli, Meißner-Mohn und Vanille gehören zum Standard-Sortiment, daneben gibt es wechselnde verschiedene Sorten, je nach Jahreszeit und Verfügbarkeit. „Ich möchte noch mehr regionale Früchte verarbeiten“, sagt Nina Rautenkranz. Regionalität ist ihr ebenso wichtig wie die Qualität der Milch. Bei der Zubereitung des Joghurts mit viel Handarbeit werden keine künstlichen Farb-, Geschmacks- und Konservierungsstoffe verwendet, auch kein Magermilchpulver bzw. Dickungsmittel, wie es bei industriell hergestelltem Joghurt üblich ist. Inzwischen wird aus der Lotta Landmilch von einer speziellen Manufaktur auch leckeres Joki-Speiseeis produziert.

Weil immer häufiger Interessierte kamen und schauen wollten, wo Milch und Joghurt herkommen, gibt es seit Oktober 2021 einen kleinen Hofladen, der rund um die Uhr an sieben Tagen in der

Woche in Selbstbedienung geöffnet hat. Dort findet man den Milchautomaten mit frisch pasteurisierter Milch zum Zapfen in Glasflaschen. Zwei Kühlschränke halten Joghurt, Dip und Trinkmolke und ein wechselndes Sortiment an Dessertgläsern frisch. Weitere Leckereien anderer regionaler Produzenten stehen auch in den Regalen. Auf immer größeres Interesse stoßen die individuell zusammengestellten Geschenke und Präsentkörbe, die vorbestellt werden können.

Tipp

Ein Wander- und Ausflugsziel mit besonderen Reizen ist der Meißner nördlich von Waldkappel. Der Geo-Naturpark Frau-Holle-Land bietet eine Vielzahl von Wanderwegen mit teils fantastischen Ausblicken in die Mittelgebirgslandschaft. Nicht weit entfernt bietet der Werratalsee bei Eschwege, mit 110 Hektar drittgrößter See in Hessen, tolle Freizeitmöglichkeiten. Im Winter ist Wintersport angesagt: Es werden am Meißner Loipen gespurt und eigens Spazierpfade geräumt für eine Winterwanderung, zwei Skilifte sorgen für alpinen Spaß.

WEHRETAL-REICHENSACHSEN: BIOLANDHOF SANDROCK

Schon seit 1975 wird der Aussiedlerhof der Familie Sandrock nach den Richtlinien des Bioland-Verbandes bewirtschaftet. „Kommen Sie vorbei", heißt es auf der Homepage des Bioland-Hofes, der einen Hofladen mit großem Angebot betreibt. Im Laden gibt es aus hofeigener Produktion Eier, Suppenhühner, Kartoffeln und Getreide, das auch frisch gemahlen werden kann. Daneben gibt es regionale Produkte sowie ein breites Naturkostsortiment, etwa frisches Obst und Gemüse aus ökologischer Landwirtschaft, Milchprodukte, Tees und Kräuter, Brotaufstriche – auch vegan, Tiefkühlprodukte, leckere Getränke sowie Naturkosmetik. Der Hofladen hat als SB-Laden geöffnet, freitags auch mit Bedienung.

Produkte: Eier, Suppenhühner, Kartoffeln und Getreide, Obst und Gemüse, Naturkostsortiment

Am Weinberg | 37287 Wehretal-Reichensachsen | Tel. 05651/4377
www.biolandhof-sandrock.de

WILLINGEN-USSELN: BAUERNMOLKEREI UND MUHSEUM

Regional und bio: Molkereiprodukte aus Bauernhand

Wie kommt eigentlich die Milch der Kühe in die bunt bedruckten Kartons, die man in vielen Läden und Supermärkten kaufen kann? In einem kleinen Museum der besonderen Art erklären das informative Filme und zahlreiche Ausstellungsstücke. Das „Muhseum“ liegt ganz im Nordwesten Nordhessens, im Waldecker Upland, und ist Teil einer Erfolgsgeschichte, die so nur wenige erwartet

BAUERNMOLKEREI UND MUHSEUM

Upländer Bauernmolkerei I Korbacher Straße 6
34508 Willingen-Usseln
www.bauernmolkerei.de

hatten. Die Upländer Bauernmolkerei im Willinger Ortsteil Usseln entstand 1996 auf Initiative von regionalen Landwirten und Umweltschützern und verarbeitet heute über 48 Mio. Liter Bio-Milch pro Jahr. 105 Bio-Landwirte beliefern die Molkerei, mehr als 7000 Kühe produzieren die Milch, die zu 18 verschiedenen Produkten verarbeitet wird – von der Frischmilch bis zum Handkäse.

All das erfährt man im Muhseum neben dem Hofladen in den alten Molkereigebäuden. Auch, dass 90 Prozent der Bio-Höfe, die ihre Milch nach Usseln liefern, in einem Umkreis von 100 km um die Molkerei liegen. Das spart lange Transportwege und schont die Umwelt. Ohnehin stehen Tierwohl, Arten- und Klimaschutz bei der Upländer Bauernmolkerei an höchster Stelle. Den allgemeinen Weidestandard von mindestens 120 Tagen im Jahr für mindestens sechs Stunden Weidegang und 1000 m^2 Weidefläche pro Tier erfüllen aktuell 95 Prozent der Betriebe. Die Kühe erhalten, wann immer möglich, Auslauf im Freien auf der Weide. In den Betrieben gibt es bei den Tieren ganzjährig keine Anbindehaltung. Weidehaltung erhöht den Omega-3-Gehalt der Milch.

Führungen durch die moderne, weiterwachsende Produktion sind heutzutage aus hygienischen Gründen nicht möglich, aber das Interesse an der Entstehung von Milchprodukten ist geblieben. So entstanden im alten Molkereigebäude der einstigen Gebirgsmolkerei das „Upländer Milchmuhseum", das 2002 an den Start ging und von einem 1998 gegründeten Verein betreut wird. Dort kann man die Produkte probieren und sich dank der Audioführer auf Deutsch und Niederländisch über die Milchverarbeitung aus früheren Zeiten informieren. Ein interessanter Film gibt Einblicke in die heutige Verarbeitung der Milch in der Bauernmolkerei. Inzwischen kommen jedes Jahr etwa 13000 Besucher ins Museum.

Das Museumscafé lädt zum Verweilen ein bei Kaffee, Milchgetränken, Eis, hausgemachten Kuchen und Snacks. Bei schönem Wetter sitzt es sich wunderbar auf der Sonnenterrasse mit Blick auf die Molkerei. Regelmäßig finden in den Räumen Käse-&-Wein-Abende statt. Im Hofladen nebenan gibt es die hauseigenen Bio-Milchprodukte, aber auch eine große Auswahl an regionalen und überregionalen Bio-Käsesorten sowie Wurst, Wein und weitere Erzeugnisse aus ökologischer Herstellung sowie eine kleine Auswahl an Geschenkartikeln. „Wenn ich irgendwo das Logo der Bauernmolkerei sehe, dann kaufe ich die Produkte", sagt eine überzeugte Kundin, die aus dem Ruhrgebiet gerade im Upland zu Besuch ist.

Tipp

Auf einem besonderen Milch-Erlebnispfad begleitet die Wanderkuh Helma als Maskottchen die Wanderer, die sich auf den Weg machen und unterwegs Wissenswertes rund um die Milch und die Landwirtschaft erfahren. Der Wanderweg ist familientaugliche sechs Kilometer lang und markiert. Es gibt Mitmachstationen und Infotafeln, Start ist an der Tourist Information in Usseln, das Ziel die Upländer Bauernmolkerei. Entlang des Weges gibt es Schutzhütten und Rastplätze.

WITZENHAUSEN-UNTERRIEDEN: BIOGÄRTNEREI „KNOFI & SO“

Einsatz für mehr Knoblauchkultur

„Das mit dem Hofstand hier vor der Tür läuft super“, sagt Wina Diekhof. In dem kleinen Selbstbedienungsstand vor der Haustür werden die Gemüse der Gärtnerei und die daraus entstandenen Pasten, Saucen und Aufstriche offeriert. Viele kommen vorbei und packen ein, was sie gerne hätten. Bezahlt wird der angeschriebene Preis in eine kleine Kasse, die auch etwas Wechselgeld enthält. „Die meisten Menschen sind ehrlich“, so die Erfahrung der gelernten Kauffrau.

Wina Diekhof betreibt zusammen mit ihrem Lebensgefährten und knapp 25 Mitarbeiterinnen und Mitarbeitern die Bioland-Gärtnerei Knofi & so im Witzenhäuser Ortsteil Unterrieden, schon seit 2015. Die Liebe zur Landwirtschaft, zu gesunden Lebensmitteln und ein Partner, der gelernter Landwirt ist, ließen nach und nach, „quasi aus dem Nichts“, wie Diekhof sagt, den Betrieb in dem Dorf im Werratal entstehen.

Inzwischen werden insgesamt vier Hektar Land mit Gemüse bebaut, das selbst vermarktet wird. Hauptprodukt war und ist der Knoblauch. „Den lieben doch alle“, sagt Diekhof. Leider sei die Knoblauchkultur in Deutschland nicht wirklich ausgeprägt, so ihre Erfahrung. Es sei den meisten Menschen leider nicht bewusst, dass es auch beim Knoblauch viele verschiedene Sorten gibt, ähnlich wie bei den Tomaten, die nicht

BIOGÄRTNEREI „KNOFI & SO“

Ludwigsteinstraße 32 und 14
Witzenhausen-Unterrieden
www.knofiundso.de

alle rot und rund sind. Wer mehr zum Knoblauch wissen will, kann sich auf der Internetseite von Knofi & so umfassend informieren.

Weil es die Natur so wollte und das Engagement groß war, entwickelte sich der Gemüseanbau immer weiter. „Wir produzierten mehr, als wir verkaufen konnten“, so die Chefin. Und sie, die tatkräftige Marketingfrau, ging dazu über, aus dem Gemüse selbst etwas herzustellen. So entstanden die Saucen, besonders aus den Chilis, und die Dips, die in der Manufaktur erprobt werden.

Wichtigste Produkte neben dem Knoblauch und den Fruchtgemüsen wie Tomaten und Zucchini sind die Jungpflanzen, die selbst gezogen werden. „Damit versorgen wir auch Endverbraucherinnen, andere Gärtnereien, Schulen und Kindergärten“, berichtet Wina Diekhof. Zusätzlich gibt es auch saisonal Schnittblumen, zum Betrieb gehört noch eine 50-köpfige Herde Coburger Fuchsschafe.

Alle Produkte werden direkt vermarktet, die Gärtnerei ist Woche für Woche auf regionalen Märkten vertreten in Witzenhausen, Eschwege, Göttingen und auf

dem Annamarkt in Kassel. Beteiligt sind sie auch an der Markthalle in Eschwege, einer Art Bündel- und Verteilzentrum. Gemeinsam mit anderen regionalen Landwirtinnen wurde sie ins Leben gerufen, um auch Großküchen besonders in der Gemeinschaftsverpflegung zu beliefern.

„Die Vermarktung ist mindestens so wichtig und aufwendig wie die Produktion“, hat Wina Diekhof erkannt. Sie ist aber auch personalintensiv und damit teuer. Deshalb sind neue Geschäftsideen wichtig. Geplant ist ein richtiger Hofladen mit festen Öffnungszeiten. Er soll auf dem großen Parkplatz der Gaststätte in Wendershausen eingerichtet werden. „Dort gibt es auch einen Saal für Veranstaltungen“, so die Perspektive. Und sogar Gästezimmer für Radfahrer, die durchs Werratal radeln, sind geplant. Seit September 2023 ist ebenfalls eine solidarische „Knofikiste“ verfügbar: Für einen im Abo zu zahlenden Festbetrag erhält man jede Woche eine Kiste mit frischem Gemüse der Saison. Das Konzept kommt super an und soll im Jahr 2024 noch ausgebaut werden.

Es sei schwieriger geworden mit dem Absatz der Produkte über die Märkte, hat Diekhof erkannt. „Aber ich mache das ja freiwillig“, sagt sie lächelnd. Wenn es keinen Spaß mehr bringt, kann man aufhören, denn Schulden wurden nicht aufgenommen für die Gärtnerei. Das sei sehr beruhigend.

Tipp

Oberhalb von Witzenhausen liegt das Schloss Berlepsch, eine Anlage aus dem 16. Jahrhundert. Es bietet neben zwei Restaurants auch Schlossführungen mit kleinen Ausstellungen aus dem Familieninventar der Berlepschs. Seit 2011 weisen touristische Infotafeln an der A7 auf Schloss Berlepsch hin. Der Werra-Burgen-Steig, ein zertifizierter Fernwanderweg an der Werra von Hann.-Münden bis zur Tannenburg, führt an Schloss Berlepsch vorbei. Auf dem Gelände des Schlosses befindet sich das Baumhaushotel „Robins Nest“.

WITZENHAUSEN-NEUSEESEN: IMKEREI UND OBSTANBAU BEEROW

Die Imkerei Beerow arbeitet mit 30 Bienenwirtschaftsvölkern und betreibt Obstanbau nach Biolandrichtlinien und Obstbau in Neuseesen bei Witzenhausen. Produziert werden zehn verschiedene Honigsorten: drei Sorten aus der Region, sieben Sortenhonige aus anderen Regionen Deutschlands, die wechselnd angefahren werden. Der Betrieb verkauft auch Bienenköniginnen, außerdem Ableger und Kunstschwärme. In der kleinen Obstplantage wachsen 20 alte und neue Apfelsorten. Zwetschgen, Sauer- und Süßkirschen, Rhabarber und Beeren sind im Aufbau. Verkauf von Honig und Obst ab Hof nach Absprache, auf Märkten und in den Verkaufsautomaten von Zwei-Burgenblick-Eier.

Produkte: Honig, Äpfel, Bienen

Am Junkergraben 2 | 37214 Witzenhausen-Neuseesen | www.beerow.de

WOLFHAGEN-NOTHFELDEN: UNSER KASTANIENHOF

Der Kastanienhof in Nothfelden ist ein landwirtschaftlicher Betrieb, der seit 2011 auf ökologische Landwirtschaft umgestellt hat. Es werden heute etwa 150 Hektar Fläche bewirtschaftet, aus Mastschweinen wurden Legehennen, aus einem konventionell wirtschaftenden Betrieb ein Bio-Bauernhof. Heute steht man wieder vor einem Umbruch: der Hofübergabe. 2025 will die nächste Generation den Kastanienhof übernehmen. Der Hof will auch Lernort für Kinder sein und bietet sich an als Partner für Schulklassen ebenso wie für Familien mit Kindern. Das SB-Hoflädchen ist täglich von 8 bis 20 Uhr geöffnet.

Produkte: Eier, Suppenhühner, Hähnchen, Gänse, Nudeln, Eierlikör

Oberelsunger Straße 35 | 34466 Wolfhagen-Nothfelden | Tel. 05606/5579982

WOLFHAGEN-VIESEBECK: KUHAUPTS HOFLADEN UND CAFÉ

Der landwirtschaftliche Betrieb der Familie Kuhaupt in Viesebeck besteht aus 12,5 Hektar Getreideanbau, 80 Mastschweinen und 30 Ferkeln. „Wir legen Wert auf artgerechte Tierhaltung und füttern Getreide aus der Region", betonen sie. Schlachtung und Verarbeitung finden direkt auf dem Hof statt. Im Angebot ist eine breite Produktpalette an Wurst und Qualitätsfleisch, die es auch auf verschiedenen Märkten gibt. Im Hofladen kann man nordhessische Spezialitäten aus eigener Herstellung kaufen. Im Hofcafé mit Biergarten lässt es sich bei Kaffee und selbst gebackenem Kuchen entspannen oder eine Brotzeit genießen.

Produkte: Wurstwaren und Fleisch aus eigener Herstellung

Wolfhager Straße 36 | 34466 Wolfhagen-Viesebeck | Tel. 05692/5493 | www.cafe-kuhaupt.de

REGISTER

Ortsverzeichnis

Verzeichnis der Betriebe

Register

Manufakturen

Biologische Landwirtschaft

Register

Online-Verkauf

Verkaufsautomaten/ Selbstbedienung

Produkte

Backwaren

Bier, Wein, Sekt und Schnaps

Eier

Fisch

Fleisch und Wurst

Register

Nordhessische Ahle Wurscht

Geflügel

Getreide, Mehl und Saaten

Honig

Käse

Register

Register

Wild

Besondere Produkte

Einkehren

Cafés und andere Bewirtung

Besondere Angebote

Gästezimmer, Ferienwohnungen, Zeltplätze

Aktivitäten und Veranstaltungen

ÜBERSICHTSKARTE